行动的力量

——90 后高中生的领导力

常学勤 主编

商务印书馆
The Commercial Press

2014 年·北京

图书在版编目(CIP)数据

行动的力量:90后高中生的领导力/常学勤主编.—
北京:商务印书馆,2013
ISBN 978 - 7 - 100 - 10160 - 8

Ⅰ.①行… Ⅱ.①常… Ⅲ.①高中生—领导能力—
能力培养 Ⅳ.①G635.5

中国版本图书馆 CIP 数据核字(2013)第 174263 号

行动的力量

——90 后高中生的领导力

常学勤 主编

商 务 印 书 馆 出 版
(北京王府井大街 36 号 邮政编码 100710)
商 务 印 书 馆 发 行
山西美术印务有限责任公司印刷
ISBN 978 - 7 - 100 - 10160 - 8

2013 年 10 月第 1 版 开本 700×1000 1/16
2014 年 1 月山西第 2 次印刷 印张 13
定价:30.00 元

目　录

CONTENTS

序言 /001

"刺梨花"盛开处　爱心帮助成长
　　——镇海中学"刺梨花"爱心助学项目及爱心助学社
纪实/ 001

　　16名十五六岁的中学生为了实现自己的支教梦想，通过举办慈善音乐会、在学校百年校庆时寻求校友帮助等形式募集到资金后，从宁波奔赴贵州凯里，开启了自己的梦想之旅。

　　支教生活结束了，但他们的爱心公益行动才刚刚开始。他们以贵州的刺梨花为名，成立了"刺梨花"爱心助学社，用他们自己的方式温暖着社会的某个角落。

阳光英语
　　——郑州中学领导力开发项目 / 023

　　在河南省原阳县桥北乡马井学校，来自郑州中学的5名高中生志愿者通过自己的努力，丰富了这所农村小学的英语教学资源，改善了他们的英语学习条件。

一路上，他们绽放着激情的火花，燃烧着靓丽的青春，用自己的双眼洞察社会，用自己的双手改变生活，让我们感受到了中学生的力量之美。

让家长伴我们共同成长
——威海市第二中学领导力开发项目/ **043**

他们是威海市二中一群涉世未深的高中生，他们提出一种新颖的教学方式——让家长走进校园，走进课堂。这样不仅展现了家长们各自的特长与魅力，而且让孩子们丰富课外知识的同时增加了对家长的信任和尊重。

他们通过自己的行动实现了这个想法，干得有声有色，成效显著，这样的锻炼为他们的青春增添了一抹五彩之光，为他们的经历谱写了一曲壮丽之歌。

果落秋阳
——贵阳市民族中学领导力开发项目/ **061**

梦里，那条带子缠着绕着,后来就不再是灰色,绚丽多姿,光彩夺目,带子上印着孩子纯真的笑脸和轻快的脚步。好像这山架到那山,一直架到山外的虹。

果落村,云贵高原上一个默默无闻的小村庄,因为三个中学生的一封信,走上了《贵阳晚报》《黔中早报》,走进了他们永恒的青春记忆。

穿越城市的距离

——张家港常青藤实验中学 / 093

如果曾经浑浊的尾气令你无法与蓝色幕布上的那片白云相拥,

如果曾经路上充斥着的机动车使你挤不进绿叶下的斑驳,

如果曾经拥挤的交通让你无暇流连于城市的风景……

那么你发现了么?

那橙色轻巧的公共自行车,

那楼顶上架起的彩虹,

那行人微微扬起的发梢……

城市公共自行车系统来了!

橙色之家——环卫工人休息站

——呼和浩特市第二中学"领导力开发"课程班项目组/ 113

在呼和浩特市,一群中学生通过自己的行动,为城市中辛勤劳动、早出晚归的环卫工人筑起了温馨的"橙色之家"。

一群少年,一个项目,一份责任,一种精神,这群年轻的 90 后用他们的实际行动诠释了当代青年的社会担当。

拯救"威尼斯",Yes, we can !

——广州市执信中学"中学生领导力开发"课程班项目/ 131

寒冬里,他们在北京路派发问卷;烈日下,他们在白云湖捡拾垃圾。他们单独与广州市水务局沟通;他们的计划得到了广州市市长的高度重视。他们就是广州市执信中学的一群高中生。

这群从小生长在广州的孩子，为了解决水浸问题四处奔走，他们用自己的行动证明了"Yes, we can！"的承诺。

"新星"的摇篮
　　——江苏省南菁高级中学领导力开发项目"小干部培养"纪实 / 157

　　为了使学生小干部在工作中更加得心应手，江苏省南菁高级中学的学生发起了"小干部培养"活动。

　　一路上，他们以朋友般的视角，发现着未来星的力量；他们以朋友般的口吻，进行着畅想未来的交流；他们以朋友般的心态，见证着后起之秀的风采。

保护吴侬软语，我们在行动
　　——苏州市第一中学领导力开发项目 / 175

　　苏州市第一中学的几名高二学生为了使苏州话得到保护和传承，通过调查问卷和访谈的形式了解了苏州话的现状，并且提出了保护苏州话的具体建议。

　　这些行动充分体现了他们的担当，他们担当的，是认真对待工作的态度；是坦言自身局限的勇气；是对自己方言的热爱；是保护传统文化的社会使命感。

后记 /193

序　言

陈玉琨[①]

读完《行动的力量》这本书，被其中一群群中学生的行动所感染，所激发。他们充满着远大的理想和抱负、涌动着青春的活力与激情，表现着学生特有的天真与真诚。在紧张繁忙的学习之余，他们积极参加学校的领导力培养项目，在老师的指导下从事服务他人、改善社会的工作，经历着书本上和课堂内没有的实践与体验，收获着别样的成长与发展——领导力的提升。这是我们期待已久并为之感动的事情！

一

领导力是指影响和改变他人思维与行为的能力，其重要性不言而喻。现代社会是一个高度专业化的社会，任何一个事件的成功，都离不开专业的分工与合作，离不开卓有成效的领导。"一只狮子率领一群绵羊的队伍，可以打败由一只绵羊带领一群狮子的部队"，这就说明了领导人的重要性。

然而，不幸的是：当今时代是一个领导危机的时代。领导学研究者伯恩斯认为，"在我们所处的时代中，一个最为普遍的渴望便是对强有力的富有创造性的领导的渴求……而目前领导的危机在于，如此多的当权男女平庸无能和不负责任，而又很少有领导脱颖而出以充分满足对它的需要。如果说我们对我们的领导者了解太多，那么我们对于领导就可谓知之甚少……领导是世界上为人关注最多而又被理解最少的一种现象。"[②]

而在领导力培养方面，中学阶段至关重要。因为，领导力最本质、最

---

① 陈玉琨，华东师范大学教授、博士生导师，教育部中学校长培训中心主任。
② 〔美〕詹姆斯·麦格雷戈·伯恩斯著，常健等译，《领袖》，中国人民大学出版社，2007年，序言。

基础的要素是一个人的世界观和价值观，而中学阶段，尤其是高中阶段是人的世界观和价值观形成的最重要阶段。因而，西方发达国家早在 20 世纪五六十年代，就开始认识到中学生领导力培养的意义和价值。"许多成功人士谈到，他们的领导生涯是从中学生活开始的。"[①] 其实，不少世界著名中学在这方面早就开始了探索，并取得了卓著的成效。

英国的伊顿公学以"精英摇篮"而著称，英国 20 位首相和多位企业、政界领袖毕业于该校，承担领导责任的文化已经渗入每位师生内心。美国威斯敏斯特中学，是美国知名的私立高中，学校的办学宗旨之一就是：为世界各地培养领导人。新加坡莱佛士书院创办之初就定位为培养社会领袖人才，并在发展过程中明确了如下的办学追求："通过在服务中领导或在领导中服务，培养未来社会的领导者、思想者和先锋者。"新加坡华侨中学的发展愿景是"成为培育领袖的世界级学府"。香港圣保罗男女中学的宗旨是"秉承基督教'信望爱'的精神，培育学生成为未来的领导人才"。澳大利亚墨尔本女子中学的校徽上就写到"致力于培养女性领导力，挖掘女性最大潜能"等等。可见，重视学生领导力的培养，已经成为世界发达国家著名中学的共识。

很欣喜地看到，我国的一些中学已经意识到了学生领导力开发与培养的重要性，并在未名网等单位的大力倡导和支持下，开展了一系列富有特色的项目和活动，取得了良好的成效。本书就是这些中学在学生领导力开发方面特色项目的展示、总结与反思，相信对于其他教育同仁均有着重要启示。

二

从学生所参与的领导力培养项目实践可以看出，成功的领导需要具备如下品质：

1. 服务他人、奉献社会的价值追求

为改善社会、服务他人做出努力和贡献，是这些学校在培养学生领导

[①] 陈玉琨主编，《领导力开发》，商务印书馆，2011年，第4页。

力过程中所要坚持的首要价值。宁波镇海中学的"刺梨花"爱心助学，郑州中学帮助农村小学生改善英语学习条件，广州市执信中学的"拯救'威尼斯'"——广州市城市内涝问题及其解决方案，呼和浩特二中的"橙色之家——环卫工人休息站"项目，苏州一中保护吴侬软语项目等等，无不体现出这一特点。

学生们在项目中所追求的宗旨是服务他人、帮助弱者、改善社会。只有在服务他人和奉献社会的过程中，才能突显领导的意义，实现个人的自身价值。"领导就是服务"也是在这个意义上而言的。项目所选的主题、所从事的实践，和社会需要结合的越是紧密，其团队的凝聚力和向心力就越强大，对队员的激发和鼓舞的力量也越持久。

2. 善于沟通、有效合作的团队意识

有效领导需要带领团队成员一起，齐心协力达到共同目标。因而，就目标、路径等和团队成员进行有效沟通与合作，被认为是有效领导必不可缺的素养。当然，有效沟通与合作，离不开对团队成员的尊重，尊重每个成员的人格、个性和想法等，对成员的需求给予满足和引导，关心关爱员工。只有如此，团队成员才可能为达到组织目标而尽心尽力。

宁波镇海中学赴贵州支教的项目组共分成了两组，每组八位同学，有组长和副组长负责统筹，成员分别负责网络编辑、图片摄影、组织、生活、安全和学习，分工合作来保证支教活动。"联系媒体，联系场地，联系协调各方的关系，回头看的时候我们才发现，原来我们已经走了那么远，做了那么多。但是一步一个脚印地，我们居然真的做到了。"项目组组长黄子凌的变化更是明显，诚如其母亲所言："我们觉得她从贵州回来以后好像长大了许多。做事想事不再是'我、我、我'，更多的时候是'我们'，会想到她帮助结对的同学、参与结对的爱心人士，还有她们要经营的一个社团。"这样心中有他人、为他人着想的品质，既是有效领导之所需，也是领导力项目发展的重要目标。

3. 自信进取、坚韧不拔的品格特征

带领团队成员一起达到组织目标的过程并不顺利，充满挫折和困境，这就需要领导者具备自信进取、坚韧不拔的品格特点。个人的品格是在后天受教育的过程中逐步形成和陶冶的，领导力培养项目实施过程中同样突出了这一特点。诚如许多项目组的同学所经历的，当事后被问及在项目中印象最深的是什么时，他们都提到，因为是第一次在马路上向陌生人做调研，最深刻的记忆就是自己在心里多次加油打气后，才终于鼓起勇气说出的那声"您好"。

即使鼓足了勇气说出了"您好"二字，别人并非积极配合与支持，遭遇别人冷漠与不理的情形时常可见。如项目组的同学所言，当全组成员来到街头发放调查问卷时，有的市民因为赶时间拒绝了他们的请求，有的市民声称自己不识字，还有的人说他们不务正业，身为学生却不学习。这些对于学生而言都是前所未有的经历和遭遇。诚如他们所言，成功的路途上总是充满了挫折与艰辛。问起做项目遇到的困难时，他们都摇着头说："真的是遇到了很多困难，现在想起来都记忆犹新。"也正是在遇到困难、解决困难的过程中，他们的能力得到了提升，人格得到了磨炼和完善。

除了上述几种品质之外，勇于担当和创新的意识，健全而又高尚的人格，多方面的综合实力等都是有效领导之所需，需要在领导力培养实践中给予相应关注和开发。

三

需要指出的是，中学生领导力培育与开发的项目，尤其是本书所展示的典型案例，都表现出了如下特点：

1. 对学生成长与发展的关注。尤其是对有效领导所应有的情感态度和价值观、选择与判断、沟通与合作等能力发展的关注。虽然这些学生都是学校中参加领导力培养项目的成员，但是其所表现的领导力和成人世界的有效领导差距还很远。然而，其个人原本领导力的强弱不是项目最关注的，项目关注的是他们在这个过程中的提升和进步，如学生们在参与项目中所表现出的激情和热情，项目进行过程中经历的磨难、体验的艰辛、获得的感动、收获的喜悦等等。虽然有时还很稚嫩，但是这些体验与收获会为其一生的成长和发展奠基坚实的精神底色。如宁波镇海中学的项目组成员准备出发前往贵州支教的那天，国际部的学术校长 Dr. Crown 以庄严而真诚的声音说：我以你们为傲！"那一刻，我感受到一种使命感"，小组成员葛格回忆说，"我们看到了信任和期待，这让我们觉得从那一刻开始，我们背负着一些东西，一些伟大而崇高的东西。这确实很能感染人。"

东北育才外国语学校的学生孙天一也说到："有一句话说得很有意思，现代社会比的就是综合实力。我想，在领导力开发课程班里培养的就是这样的综合实力吧。从发现问题到解决问题，从零散的思路到完整的项目实施措施，从不熟悉的组员到一同奋斗的朋友，我走出了迈向成熟的第一步。无论是从说话、演讲、采访语无伦次，到不紧不慢，不慌不忙，随机应变；还是从不敢和陌生人说话，请求他们帮助填写调查问卷的羞涩，到举止自如，说话得体，让自己变得富有活力与激情。就是这样一个自然的过程，让我相信自己能行，自己很棒。"这些由项目带来的课堂内、书本上学不到的实践经历与精神体验，对学生而言是最为宝贵的收获，也是项目最为重视的学生需要发展的品质。这都离不开学校的领导与组织，教师的指导与引领。

2. 社会各界对该项目的支持与配合。中学生领导力开发项目的推进，不仅需要学校的关注和努力，更离不开社会各界乃至每一位公民的支持与配合。学生发放调查问卷、进行访谈都需要他人的配合和支持。活动过程中遇到经费困难时，也需要他人帮助，郑州中学项目组在帮助农村学生学习英语时，当地杨经理的慷慨支持，对解决学生的燃眉之急，发挥了关键作用。贵州民族中学的学生在调研农村教育问题时，花溪区教育局周局长给予了有效鼓励和大力支持。可能对周局长而言，接受这样的学生采访不算大事，但是对这些学生却是莫大的鼓舞！还有广州市市长、广州市水务局领导等对执信中学项目组同学的支持与鼓励，都给了学生动力和信心！

其实，很难说学生的这些行动对于解决实际问题、改善社会现状有多

少立竿见影的帮助，难得的是，社会各界对中学生这样的实践活动抱着鼓励、肯定的态度，并给予了相应的支持与配合。各媒体也都从正面引导的视角对相关事件进行了报道，营造了良好的社会舆论，给学生和所在学校带来了积极的影响。未名网等单位专门组织中学生领导力项目大赛，也是对该项目最有力的推动。这是非常难得的社会现象，也是该项目可持续实施的重要保证。在此，我们对关心支持学生成长与发展的社会各界表示衷心的感谢！

最后，衷心希望在社会各界的大力支持与学校的有效组织下，中学生领导力项目发展得越来越好！中学生领导力大赛越办越红火！

"刺梨花"盛开处　爱心帮助成长

——镇海中学"刺梨花"爱心助学项目及爱心助学社纪实

　　我校领导力开发课程班"刺梨花"项目组的同学为帮助贵州凯里市台江县和雷山县贫困学生实现上学的梦想，开展了系列助学活动，做了一些极有意义的工作。这些学生的社会担当和责任意识，在校内影响了一大批师生，在校外，影响了其他爱心人士共同参与，在2011、2012两年都较好地完成了150对贵州贫困儿童的助学结对。类似于"刺梨花"的领导力开发项目组在我校还有很多，如自助自行车使用、无人销售点、校园首届模拟招聘会、世界艾滋病日、模拟法庭与行为艺术宣传、低碳饮水和素食，营养你我每一餐的"我行我素"绿色校园行动等项目都是其中的优秀代表。我为这些有社会责任感，有抱负，并有能力付诸实践的学生而感到自豪。同时，希望有更多的学校、学生能参与到这类意义深远的活动中来。

——宁波镇海中学校长　吴国平

　　16名十五六岁的中学生为了实现自己的支教梦想，通过举办慈善音乐会、在学校百年校庆时寻求校友帮助等形式募集到资金后，从宁波奔赴贵州凯里，开启了自己的梦想之旅。

　　支教生活结束了，但他们的爱心公益行动才刚刚开始。他们以贵州的刺梨花为名，成立了"刺梨花"爱心助学社，用他们自己的方式温暖着社会的某个角落。

的寻找之旅"的贵州支教活动，带回了许多留守儿童和贫困生的资料。这些行动和资料给 2010 年 9 月入学，刚刚 16 岁的黄子凌留下很深的印象，"当时在教学楼的拐角，看到学长们贵州支教的图文展，深深地被贵州的贫穷和那些小孩期望的眼神所吸引。"

也许正像黄子凌说的那样，一开始的时候，更多的是好奇心的驱使，加之一些现实因素的支撑，能去一个遥远的地方，对于年少的孩子来说总是带着几分冒险和浪漫色彩的。但是，这份好奇悄悄埋下了一颗种子，在孩子们心里默默生长，长出茂美的枝丫。

恰在此时，孩子们参加了学校领导力开发课程班的学习，通过系统地学习，给这个项目的实施带来深刻的启示：在中国当前的慈善环境下，项目组必须身体力行，并获得媒体和社会的广泛关注，这个项目才会发生真实而深远的影响力。

准备：让现实靠近梦想

让梦想照进现实，总归有一个大问题，就是如何解决资金的问题。于是，"慈善音乐会"的想法就这样诞生了。提出这个想法的男生弹得一手好吉他，同学中也有不少人都有器乐上的特长。玩音乐的孩子们大都会在心里期待一场自己的音乐会，也许只是在流浪的路上或在有鸽子飞过的广场上即兴演奏，如果有路人经过向琴盒里投钱为艺术买单，那就更是惬意。就这样，以音乐会的形式募集资金的想法很快得到了大多数成员的支持。

2011 年 3 月，在一个社区的活动室里，这场音乐会如期举行了。但是，和多数人想象的场景有那么一点出入，没有燕尾服，没有鸽子，也没有为艺术买单的路人，只是在一个很小的活动室。预期要向社会人士募捐，但是由于是在室内，前期的宣传做的也不到位，并没有多少居民前来。听众们大多还是学校的同学，这份"义气相挺"让主办的同学们感动但也无奈。

经历了这场不太成功的慈善音乐会，大家只好想别的方法筹集资金。

2011 年恰好是镇海中学的百年校庆，校庆主题宣传和各项活动从 2010 年就开始了，这给项目组同学们带来了新的灵感。既然同学们经济能力有限，那能不能借着校庆的东风，向一些校友们寻求帮助呢？于是，大家从学校的网站和一些校庆材料上查找到一些校友的信息。"刚开始的时候，大家的思维其实挺神奇的，一说到钱从哪里来的问题，有家里做生意的同学说需要钱的话当然是向银行贷款啦。于是找校友的时候看到有银行工作的，就自然想到去试试看能不能咨询到一些东西。"一位同学事后这样回忆。这个看起来有点想当然的想法，没想到最后还真的有了结果。毛羽丰同学发现招商银行镇海支行的行长恰好是镇海中学的校友。于是，电话预约、自我介绍、递交贵州爱心助学方案，双方一拍即合，校友承诺先支援 1 万元！

1 万元能做什么？队员们经过几番磋商，决定援建一个图书室。

在镇海区新华书店订购图书时，碰到了热心的郑经理，他了解了支教项目组的想法后，提出捐赠 5000 元图书的想法。宁波真不愧是爱心城市，处处能碰到热心人。

有了资金和物质上的支持，接下去同学们要解决的就是安全保障和如何支教等等具体问题了。为此，同学们联系了学校每个科目的授课老师来担任培训工作。平时只能坐在教室里认真学习的同学们对于有机会转换身份，充满了好奇。

还有的队员积极联系宁波市著名青年志愿者严意娜，她有甘肃支教的经历。她说："我也不是科班出身的教师，除了凭着一腔热情去支教，关键是要教好小学生，应在备课上下功夫，让小学生喜欢上自己的课。"严意娜在甘肃支教的学校也是一所小学。

"其实，学校方面对于我们的安全一开始还是挺担心的。虽然我们都没觉得会怎么样。这一点上，大人们确实会考虑得比我们周到吧。"黄子凌介绍说。学校在得知同学们的计划之后，针对可能出现的一些安全问题集中进行了培训。

当然,要远赴贵州,没有家长的同意可不行。但是让同学们想不到的是,参加项目组的同学们的家长倒是异常支持。

"我爸妈是觉得我在家日子过得太舒服,没心没肺的,也不知道珍惜,所以想让我去看看那些生活条件不那么好的孩子是怎么学习和生活的。"

"我的话呢,还是因为申请国外的大学需要这样的经历。我爸妈让我念国际部的时候就想好了是要放手的。要是去贵州都不能搞定,那大概他们会重新考虑是不是要把我一个人扔到国外去念大学吧。"

当笔者问起黄子凌的妈妈王女士时,这个精干的白领很直爽,"坦白地说,子凌去贵州支教挺好的……让她能有一种不同的经历。现在做的事,虽然有时候会影响学习,但对她一生的发展都有好的影响……我最希望她能平衡好活动和学习的关系……当然,这是理想。她现在这种平衡虽然不是最好,也已经不错了。"毛羽丰同学的爸爸还常主动联系学生询问要不要捐衣服捐课桌椅等。

天时地利人和,同学们整装待发,等待他们的将是更大的挑战。一场神奇的旅程就这样开启了。

项目组在贵州

2011 年 6 月,在一个简单的捐赠仪式之后,大家在校门口列队集结,准备前往贵州。6 月中旬,对国际部学生来说,正是全球通考后进入下一阶段学习的间歇,大约有半个月的时间。但这近十天的外出,对于除了使用两个双休日,还得耽误一周课的镇海中学普通班学生祝镜涵却是天大的考验。老师一如既往地支持这个自主自律的女生。祝镜涵从小就被父亲送到新加坡等地开阔眼界,增长见识,这一次,她的父亲也为女儿开了绿灯,"我认为,实践的机会少,这种实践不是一周学习能代替的。再说,校方主动提出为女儿补课,解决了父母的后顾之忧。我们最担心的,其实是安全问题,毕竟小孩没有独自出过远门,支教那年她才 15 岁,而其他孩子最多也就大个一两岁。"据笔者了解，在所有同学中，最大的是当时读高二的华杨波同学，17岁。那一天，镇海中学国际部的学术校长 Dr. Crown，一位白发苍苍的老者，以庄严而真诚的声音说："我以你们为傲！"那个声音，那个侧影，默默传递出一种力量：这个夏天，为爱而前行。

"那一刻，我感受到一种使命感，"小组成员葛格回忆说，"他让我想起《哈利波特》里魔法学校的老校长。我们看到了信任和期待，这让我们觉得从那一刻开始，我们背负着一些东西，一些伟大而崇高的东西。这确实很能感染人。"

华杨波同学说："我觉得，最有价值的是我们可以切实做一些事情，哪怕微小，我们看到实践的力量。我们在为一些无比重要的东西实践，爱、道义、公平、人性。有这样一些时刻，我甚至觉得我们看起来像英雄。听起来很好笑，对吧？但是我确实为自己感到骄傲。"

赴贵州的团队成员经过讨论，分成了两组，每组八位同学，分别前往贵州省凯里市台江县和雷山县支教。除了设组长和副组长负责统筹，其他的成员分别负责网络编辑、图片摄影、组织、生活、安全和学习，分工合

作来保证支教活动的顺利进行。此外也有一部分同学留在学校负责通过网络收集和整理来自贵州的信息。对于这种分工和计划，黄子凌告诉我们，项目组最初只是希望顺利结束支教活动就好了，所以一开始也只是把图文资料作为必要的档案资料来处理。"我们去做这件事，总不能什么材料都没有，对吧？否则怎么总结我们的项目呢？不过后来我们才发现这部分资料帮了我们的大忙。"

黄子凌笑着说。没想到这个最初的想法，却在以后的发展中，给同学们带来了意外的帮助。

[触目惊心的贫困]

26个小时的火车里程在同学们的说笑调侃之间显得并不那么漫长。到贵州后，由于有前期学校结对的基础，当地的教育局也给予了同学们很大的帮助，专门派车将同学们送到凯里市下属的台江、雷山两县。到达台江县的城关三小和雷山县的丹江小学的时候，已经是傍晚，两所学校的孩子们已经放学了。

同学们进去熟悉了一下环境。眼前的场景让这群从小家境良好的孩子大为震惊。"课桌很破旧，教室脏脏的，那些是原本我们只在电影里见过的场景。"

《都市快报》的报道截图（2011年6月22日）

第二天，大家按计划和两所学校的孩子们（各个年级都有，大多是四年级以下，包括学前班）见面，开展了一些简单的游戏和活动，捐赠了带去的八十多本书籍，建立了一个爱心图书室，以贵州的一种常见花卉"刺梨花"命名。与破旧的教室形成鲜明对比的是孩子们眼睛里的好奇和天真。

"我很喜欢他们，"负责组织活动的方冠华同学说，"后来很多时候，别人听闻这个项目的时候都会疑心我们是不是存在一种优越感，或者那些孩子们是不是会反感这种形式。我只能说，他们想多了，人和人之间有一些东西是很纯粹的，我们的梦想，孩子们的天真，当这两者相遇的时候，有什么值得质疑的呢！"

国际部的同学们平时大多数的课程都是由外籍教师担任，因此在英语课的教学上可以说是信心十足。但是没想到恰恰也是英语课，遇到的问题是最多的。"用英语表达对于我们来说已经是很自然的事情，但是一开始的时候我们的语速孩子们根本无法接受。他们很认真地听，但是根本没有听懂，"葛格同学说，"后来我们放慢了语速，但是他们还是一脸茫然地看着我们。后来我们才知道，他们的英语老师发音就不标准，所以孩子们平时学的英语发音和我们学的说的完全不同。"

"我们在上英语课的时候也尝试纠正孩子们的发音，但是短短一周的支教，也许我们并不能改变太多。"

对吴美发的家访，和黄子凌牵手的是吴美发的奶奶。

"他们的环境相对闭塞，学校里没有网络也没有多媒体的设备，他们很难接触到一些英语的视频资料。但是我能感觉到，他们对外面的世界充满了好奇。"

除了按原定计划进行课堂教学活动外，大家还主动向班主任了解学生的情况，并进行了深入家访。黄子凌在支教的第二天就受邀去一个孩子家家访。"我家很近的，就在旁边，走一走就到了。"有个叫吴美发的孩子热情地说。实际上，他们走了将近一个小时。

学校的孩子们来自各个村庄，每天都要起得很早来学校，放学后还要帮父母打理家务。

吴美发还在上学前班的时候，父母就去广州打工了，姐姐也在浙江打工，他和爷爷奶奶住在一起。类似这样的留守儿童在当地大量存在着。在家访的过程中，小小的吴美发说已经很久很久没有见过父

中间的男孩就是吴美发

母了，很想念他们。有的时候在家也会觉得孤单，但幸好村子里有很多孩子可以一起玩，玩的时候就什么都忘记了。但是长大以后呢？作为家里唯一的男孩子，爷爷奶奶对美发的希望就是好好念书，上大学，走出大山。小美发并不知道走向未来的道路上究竟会遇到什么，也不知道念大学要多少钱，大山外面的世界又是什么样，只是似懂非懂地听爷爷奶奶说只要好好念书，就不用再打工受苦，只是单纯地觉得现在去学校念书也挺好玩的。

罗朝译和黄子凌还走访了一个叫张远群的女孩子，她读四年级，爸爸不幸患绝症去世，母亲脚有旧疾，还有一个弟弟。全家唯一的劳动力是75岁的奶奶，要养活一家四口。

"刺梨花"爱心助学项目组从台江县教育局了解到，过去一年的统计数字表明，全县居然有一半以上的儿童为留守儿童。项目组的同学不仅看到了那里物质上的贫困，还感受到一些留守儿童精神与情感上的"贫困"。

后来项目组回到宁波成功地为150名贫困留守儿童结对，其中有一个叫潘金蝶（1岁开始就和她爷爷奶奶一起生活）的孩子的回信，至今仍打动着项目组每位成员的心：

"周阿姨（和潘同学结对的宁波市的周女士），您像我奶奶一样亲切，比我妈妈还要好。我妈妈她都不打电话给我，一年都不打一次……说来看我都不来，其实我也很想她。每次我们班同学说我是没妈妈的孩子，还有每次看见别人和自己的妈妈、爸爸玩时……我都很想哭……"

在黄子凌和华杨波的支教日记中，我们读到了如下一段话：

苦难和悲伤面前，我们才体会到行动的价

受助学生潘金蝶写给助学人周阿姨的信

值，踏踏实实地去做一些事情，积少成多地改变我们的国家，这可能比简单地愤青式地发泄情绪要实际和有用得多。很多人在抱怨我们怎么怎么落后，怎么怎么不如国外。但是我们想说的是，你怎样，你的中国就怎样。直面悲伤，集结力量，为了我们的国民能自由而有尊严地活着，这不正是领导力课程班学习的宗旨吗？

[召唤更多人]

类似吴美发的情形普遍地存在着。同学们在家访的过程中从一开始的惊讶到感动、震撼，再到沉思。这群年轻的孩子们第一次感受到梦想的沉重。

"我们平时在学校里总觉得压力很大，同学们之间的竞争，申请名校的艰难。我们中有很多人为课程熬夜，我们每个人都在让自己变得更优秀，

追逐更大的梦想。但是这里的孩子让我们看到另一种压力和沉重，一种对比产生的良心、道义和责任的呼唤，让我们想起湖南卫视的《变形计》这档城乡少年角色互换节目。孩子们和他们的家长们单纯的希望在实现的过程中不知道会不会经历失望，甚至绝望。我总会想到，这群孩子们，当他们走出大山，发现自己从小辛苦背诵的英文根本无法和外国人交流，他们会不会失望，会不会感到自卑。我不知道。"

类似的信息在源源不断地汇集过来，在这个过程中，同学们有了新的想法——也许，该是通过行动召唤更多人的时候了。"计划不如变化快，我们在行动中看到了计划的不足，我们不能等到回到宁波再发动。我们也不能只把资料带回学校，毕竟，学校里的主要群体是学生，没有强大的助人能力。"

很快，通过支教小组的会议和与在宁波的同学们的网络联系，大家取得了

项目组成员和台江城关三小的学生在一起

共识——我们现在要召唤更多的人。于是，QQ群编辑组和宣传策划组开动马力，鼓起了大干一番的劲头。

但是如何召唤，如何帮助这些孩子们呢？"我想，他们中的一些人是很需要资助的。也许这样说有一点俗套。但是这很现实，没有钱的话，他们中的很多人甚至无法完成学业，就要被迫外出打工。"台江县有一半以上的儿童为留守贫困儿童，仅台江城关三小就有十分之一的学生因贫困而辍学。华杨波说："当然我们无法判定念大学和打工之间一定有优劣之分，但是我们希望，教育能给每一个梦想一份平等的机会。如果没有机会选择，那么哪里来的平等？"

在一次小组会议上，黄子凌提出，如果我们把这些真实的资料带回去，也许会有更多的爱心人士加入我们的队伍。这样的想法很快得到了大家的支持。

"很多人在抱怨这个社会贫富差距越来越大，甚至我们平时在网络上可以看到很多仇富的言论。但是我想说，富不是错，为富未必不仁。重要的是，我们如何引导社会力量。"

协议书和贫困学生信息表

"很多人平时没有捐助或者献爱心的习惯，有的时候并不是因为他们没有爱心。比如你捐钱助学，你想知道自己的钱是否真的用在孩子们身上了，如果不清不楚的当然没有人会捐，换我也不会。但是如果我们能把一些真实具体的资料带回去，如果你确切地知道自己的帮助能给一个孩子带去多么大的希望，我想就会让更多的人加入这个行列的。"

"我们相信这个社会还是好人多，但是我们的社会需要一个引导爱心的渠道。有些组织缺乏公信力，或者因为他们做事很不具体，也就没有说服力。我们也许可以倡导一种慈善事业的新模式。"

　　经研究，大家在支教的过程中更加注重对当地学生的资料进行搜集。通过实地走访和向校长、班主任了解情况，大家一共搜集了 150 名家境困难的孩子的资料，这些信息源源不断地发给留在宁波的同学们。

[让梦想开花]

　　很快，一周的支教活动结束了，带着感动与感悟，同学们返回了宁波。接下去，就是怎么把这些讯息传递给大众了。大家首先想到的是在学校组织结对捐助，经过核算，拟订了每年给每个需要帮助的孩子捐助 500 元，直到他们结束小学学业的捐助计划。这个过程中，有同学提出，如何保证这种长期捐助能坚持下去呢？同学们讨论后得出的结论是，先签订结对帮扶协议，但是提倡仅以协议的法律效力来约束，我们希望加强感情的联系。主要的方法是通过学弟学妹的传递，即通过历届支教行动，每年都带回那里的资料，这样的话，受助人和资助人之间有了沟通和反馈，有了情感的联系，应该可以成为延续资助的力量。

　　就这样，带着前期收集的资料，2011 年 6 月底，在镇海中学大成殿的门口，小组成员向学校同学和老师发放关于贵州贫困留守儿童的资料，号召结对帮扶。这期间，还联系了当地多家媒体进行报道以扩大项目的影响力。

　　关于活动场地的选择，黄子凌同学说："当然首先是因为这是位于学校中心的建筑，比较方便开展活动。此外，大成殿是曾经的孔庙建筑，我们国家的传统文化里齐家治国平天下的理想曾经感动过很多的少年人，我们今天用我们的方式在象征着传统文化与文明的地方，用实践向道德与尊严致敬，我觉得这很有意义。"

　　就是在大成殿前，同学们完成了将近 90 个结对帮扶（其中包括两名同学合力一起结对一名学生的情况）。初战告捷，同学们都很受鼓舞。但是没有结对的贫困学生怎么办呢？祝镜涵提出能不能走出校门面向社会组

织结对活动。这一设想，马上得到项目组成员的支持。

但是要选在哪里进行结对活动呢？同学们首先想到的是宁波最繁华的天一广场。大家分析认为那里的人流量比较大，能尽量扩大宣传面。但是黄子凌和葛格一起去联系的时候却发现事情似乎并不那么简单。天一广场的活动需要进行场地的审批。审批结果最快在一周后才能知晓，而且不一定能获得审批。是等审批还是另选场地？综合场地租借费用等因素，大家最后决定改变计划。"社会并不因为我们而存在。要融入社会，还得先了解社会的种种游戏规则。但是我们可以努力让社会变得更好。"黄子凌在阶段小结中这样感慨道。

关于场地，又一次头脑风暴。毛羽丰提出，可以去宁波书城开展结对活动。很快大家总结出四点可行性：第一，宁波书城的人流量相对比较大。第二，书城有很多家长会带着孩子在那里买书。大家觉得很多家长可能会认为这是一种对孩子乐于助人意识的培养而愿意慷慨解囊。这样的话，相比天一广场，宁波书城的受众就显得更有针对性。第三，据悉，宁波书城也有举办类似活动的经验，所以手续之类的也比较简便。第四，一般会去书店的人，相对来说文明素质会更高一些。就这样商定之后，同学们带着学校证明和相关的材料，前往宁波书城。书城的负责人听闻同学们的计划，很受感动。于是大家很顺利地敲定了活动的时间和具体场地安排。

之后的事情就显得顺利很多。同学们按计划制作宣传海报，进一步整理资料，7月初的一个周末，宁波书城的结对活动顺利开展。有了前期的经验，同学们更加游刃有余。这些来自贵州的资料真实感人，参加活动的市民很受震动。同时，同学们亲身实践，推进公益的行为本身让很多市民非常感动。"一群学生能做这样的事情确实是了不起。"活动中，时常传来这样的赞叹。

加上前期《都市快报》《今日镇海》，中国宁波网和镇海新闻网等媒体的宣传，也为活动扩大了影响力。很快，也为剩下的贫困生完成了结对。

"结对活动结束的时候，我们真的很感动。原来，我们真的可以用自己的努力召唤力量。为了公益，为了爱，我们在汇聚力量，"小组成员陈宇说，"联系媒体，联系场地，联系协调各方的关系，回头看的时候我们才发现原来我们已经走了那么远，做了那么多。如果是在一两个月前，你和我说我们要去完成这些，我一定会觉得你疯了吧，怎么可能？但是一步一个脚印，我们居然真的做到了。"

"如果你不去做，你永远不知道你可以做什么。当然我并不是说我们完成了怎样惊天动地的事情，我只是觉得，多做一点，再多做一点，我们才走到现在。这种尝试让我觉得很振奋。你尝试过用脚步丈量梦想的话，你会知道实现梦想到底有多艰难，当然你也会更加明白梦想有多可贵。"参加活动的另一位成员崔蔚这样说。

[让梦想继续]

带着丰硕的成果，项目组成员黄子凌、毛羽丰、祝镜涵等人代表项目组参加了 2011 年 7 月在北京举行的第二届全国中学生领导力大赛，经过几轮角逐，这个项目获得了二等奖的好成绩。但是，欣喜之余，大家又有了新的想法。

"在比赛中，我们的项目之所以很吸引人的眼球，很大程度上是因为项目的难度以及唤起了众多有爱心的宁波人的热心参与，"黄子凌分析说，"但越和其他学校项目组交流，我们越思考这样一个问题，难道我们的价值仅仅在于'难'么？仅仅在于吸引了很多媒体的关注么？当然不是，应该是我们关注弱势群体，不是作秀，是希望切实帮助到一些人。其实，这

一年来，我感觉自己和大人一样在做事，我们甚至做得比大人还好。这是我们最好的成人礼！我们不仅自己在行动，我们还很好地扩大了影响力，我们能集结更多的力量。但是我们怎么延续这份力量呢？这是一个新的挑战。"

在镇海中学的校园内，也有很多研究性学习小组或项目小组最终发展成社团的成功案例，《浙江教育报》曾报道过镇海中学研究性学习课题催生浙江省首家高中慈善工作站，《浙江日报》报道过《镇海中学五名学生组成的研究小组"整"出一个兑门书社》，还有《中国教育报》报道的镇海中学绿音环保社……

在镇海中学这个注重研究和实践的大环境里，黄子凌他们觉得成立社团的想法很靠谱。带着这样的想法，比赛结束后，大家又聚集到了一起，建立一个社团，让梦想在年轻人之间一茬茬流传！这个想法得到了普遍的支持。于是，开学后不久，经过一系列的准备，一个新的社团建立了，它的名字叫"刺梨花"爱心助学社。

但是学校原本已经有了公益性质的慈善工作站，为了更有效地使用资源，同学们决定让"刺梨花"爱心助学社成为慈善工作站的一个分支，同时又把爱心助学作为爱心助学社的定位。这样既有针对性，又有合作，并直接接受镇海区慈善总会的指导。2011年9月底，镇海中学慈善工作站爱心助学分社（又名"刺梨花"爱心助学社）开展了第一次招新，将成员人数扩充到了50人左右，并成立了宣传策划、联络编辑、生活后勤三个部门。紧接着，新一轮的计划开始实践，首先推出的是爱心课桌椅项目。该项目源于社团学生支教后与贵州台江县城关三小保持的密切联系，社员从邰通卓校长口中得知学校缺少一批新的课桌椅。为了让台江城关三小的孩子早日用上新的课桌椅，社团提出了爱心课桌椅项目，通过多种不同形式的活动进行了募捐。

爱心一元钱：一元一桌一椅一爱心，该活动在学校的两个小卖部门口及国际部教学楼共摆放四个募捐箱，呼吁同学们平时勤俭节约，将省下来的钱捐助给贵州的贫困学生用作买崭新的、安全的课桌椅的资金。经过一个星期的实行，爱心一元钱活动共募得善款 400 余元。

慈善篮球义赛：2011 年 12 月 15 日，由"刺梨花"爱心助学社举办的慈善篮球义赛在学校的体育馆举行，对阵双方是体育老师领衔的教师队和学校的校队。这样精彩的对抗自然吸引了许多学生，体育馆的座位出现了供不应求的状况。经过这场慈善义赛，共募集了善款 1200 余元。

三八妇女节鲜花义卖：2012 年 3 月 8 日，趁三八妇女节之际，"刺梨花"爱心助学社在镇海中学内举行了鲜花义卖活动。本次活动既方便了学生们买花送给自己的老师和母亲以表达祝福，也为贵州的孩子募集了近 900 元的善款。

慈善音乐会：2012 年 4月 19 日，由镇海中学"刺梨花"爱心助学社和镇海区志愿者协会招宝山街道分会联合举办的"让刺梨花更怒

放"大型爱心助学晚会在宁波人民大会堂广场隆重上演。来自招宝山街道文化站和社区的文艺骨干以及我校国际部的学生用舞蹈、歌曲、配乐诗朗诵、手语表演等形式，号召全社会爱心人士为贵州贫困学生和留守儿童奉献爱心，帮助偏远地区的孩子实现上学的梦想。晚会共募得善款 4210 元，并收到宁波羽丰印务有限公司 10 万元文具的实物捐赠。

反　思

时至今日，回头看去，同学们不禁都有些感慨时间走得那样快。似乎所有人一开始的时候都并不曾想到会发生这样一些故事。

一年的时间里，在宁波这座爱心城市、在镇海中学这所爱心学校，同学们为项目奔走，准备材料，面对媒体，无论父母还是老师，都觉得他们

镇海中学慈善工作站爱心助学分社成员合影

成熟了很多。黄子凌的爸妈告诉笔者："把子凌送去贵州支教能够磨炼磨炼她，渐渐改掉了她花钱大手大脚的坏习惯，也增强了她适应新环境的能力。我们觉得她从贵州回来以后好像长大了许多，做事想事不再是'我、我、我'，更多的时候是'我们'，会想到她帮助结对的同学、参与结对的爱心人士，还有她们要经营的一个社团。"然而，谈及项目的时候，助学社的学生无一例外地觉得自己并不是做了一件多么不可思议的事，只是沿着内心的感动和想法，从小到大，一步接着一步向未来走去。又是江南的四月天，我们看到青春与梦想的力量，来自未来的力量，一如这江南四月，始终有一道明媚温柔的光从晴空倾泻下来。

作为领导力开发课程班的一员，黄子凌曾一直在疑惑，领导力就是当官、做领导？经过近一年的实践，她有了自己的答案：

"刺梨花"项目告诉我，不是的。领导力是一种影响力，对于我们帮助弱势群体项目而言，领导力更是一种对自己想做的有价值的事能召唤更多人和自己一起做的能力，它弘扬了慈悲和道义，并赋予能力以意义！

"对于项目组的同学来说，实施项目需要占用时间、精力，于是，我们无一例外地被迫成为平衡时间的'大师'。也许我们大都信奉一句话，对于自己感兴趣、认为有价值的事，趁年轻时挤一挤，做事情的时间和精力总会有的。我感觉项目组的同学几乎没有因为组织活动而让学业退步的。因为常常事赶事，我必须提高工作和学习效率。我感觉自己一年下来，提高了利用时间的效率。因为我们班有好几位助学分社社员，班主任盛琪老师常说，班上有什么事，就交给你们分社了。我们想，分社能把一个学校甚至几百号人的事情都搞定，我们班的小事，还不是小菜一碟？"

"此外，在这个过程中，我们也切身体会到团队的价值。现实的沉重不是我们个人的力量可以改变，没有人能独立充当那个救世主。但是我们集结在一起，我们的团队从创意到实践，相互支持，迸发灵感，一路走过。而更让我们感到高兴的是，一路而来，我们的队伍在不断地扩大，媒体、公众等各种社会的力量让我们看到未来不是梦。于是，团队的概念扩大了，我们在影响众人，这是领导力的体现。我们在影响众人关注弱势群体，致力更公平与温暖的社会。我们看到了领导力的价值。"

和爱心助学社一路走来的指导老师曾昊溟对项目开展并坚持一年来的情况颇为感慨："有的同学开玩笑说，帮助弱势群体项目是爱的领导力。我们项目组的成员可贵的地方很多，我觉得他们不是人们想象中垮掉的一代，也不是等待的一代，他们是行动的一代。我用16个字概括他们这个项目的特点——身体力行，赢得信任，宣传发动，刺梨花开。"

项目指导老师、镇海中学国际部副主任舒建东老师说："我相信我的学生很能干，但他们学习、实践领导力开发一年来，包括我在内的许多人，没想到他们比大人还能干！"

后 记

2011 年 12 月 15 日，中央电视台记者次晓宁、章浩一行五人"走基层"，来到镇海中学采访"刺梨花"爱心助学项目，走进课堂，了解学校情况，采访了项目负责学生黄子凌和校慈善工作站指导老师胡蓉，并现场采访了我校"爱心一元钱"启动仪式暨师生篮球义赛。

2011 年 12 月 27 日，中央电视台播出了《镇海中学高中生组织慈善活动》的新闻。

2012 年 2 月，根据甬团联〔2012〕3 号《关于表彰 2011 年度宁波市志愿服务行动各类先进的通知》，镇海中学"刺梨花"爱心助学项目被授予"2011 年度宁波市优秀志愿服务项目"荣誉称号，这个项目是获奖的 15 个项目中唯一一个由未成年人完成的项目。

5 月 16 日，《宁波日报》刊登《镇海中学"刺梨花"6 月再进贵州支教 今起征集爱心桌椅》的文章，为项目进行宣传和鼓劲。

5 月 29 日，《东南商报》刊登《镇海中学"刺梨花"6 月再出发 发起征集爱心桌椅计划》。

2012 年 6 月，"刺梨花"爱心助学项目组将向贵州再出发……

项目组成员：黄子凌　毛羽丰　祝镜涵　罗朝译　华杨波

指导教师：曾昊溟　李孟韬　胡　蓉　舒建东

采 访 人：丁言豪　贾文韬　王童璐

撰 稿 人：李孟韬　曾昊溟

附录：

"刺梨花"爱心结对助学协议书

甲方（被资助人）：

乙方（资助人）：

一、原则目标

乙方本着自愿、自费的原则，进行爱心结对助学活动，为甲方提供生活、学习上的资助。

二、主要内容

乙方为甲方进行结对资助，包括中餐、交通、保险、住宿等生活和学习方面。紧紧围绕"提升学生素质、改善贫困学生生活和学习条件"的主旨，提高甲方科技知识、法律意识、劳动技能，做好助学等扶贫帮困工作。

三、合作项目

甲方定期给乙方写信或以其他联系方式汇报学习及生活情况，乙方捐赠款应于每学期开学前一周通过邮政或银行汇款方式，一次或分两次将全年资助款（即500元/年；250元/学期）及时寄达甲方；同时，乙方还需向支教小队通过各种方式提供小票或告知汇款号，以便支教小队监督和检查。

本框架协议自签订之日起生效，有效期限暂为一学年，经过支教小队和校方评估后，确定第二年乃至今后的资助。协议未尽事宜，由结对双方进一步协商确定。本框架协议一式两份，甲乙双方各执一份。

甲方：（请以正楷书写）　　乙方：（请以正楷书写）

签字：　　　　　　　　　　签字：

协定日期：　年　月　日　　协定日期：　年　月　日

21

阳光英语

——郑州中学领导力开发项目

> 领导力课程是培养学生公民意识、责任意识和服务意识的有效载体。通过开展领导力项目活动，同学们提高了组织管理、判断决策和沟通协调的能力，增强了承受挫折的能力，树立了强烈的责任感，养成了诚信、勤劳、团结、合作的优秀品质。
>
> ——郑州中学校长、党总支书记　高正起

在河南省原阳县桥北乡马井学校，来自郑州中学的 5 名高中生志愿者通过自己的努力，丰富了这所农村小学的英语教学资源，改善了他们的英语学习条件。

一路上，他们绽放着激情的火花，燃烧着靓丽的青春，用自己的双眼洞察社会，用自己的双手改变生活，让我们感受到了中学生的力量之美。

缘起：光的孕育

为什么要选择帮助农村小学生改善英语学习条件这样一个活动？

这要从"80 后最美乡村女校长"李灵说起。

李灵，一位美丽的 80 后女教师，一个青春蓬勃的阳光女孩，为了给淮阳县许湾乡程寺村学校的 300 个孩子建一个阅览室，满足学生对书籍的

渴望，孤身一人来到郑州，蹬着三轮收购起旧教材和二手儿童读物。她用自己的辛勤努力、无私付出，最终为村里建了3间标准化的阅览室，建教室的8万块钱，还是她从亲戚那里借来的。

李灵的事迹感动了很多人，这其中，也包括郑州中学国际部领导力小组的学生们。在新学期伊始的"领导力课题讨论会"上，一群充满朝气的青年学生决定向李灵学习，把"帮助乡村小学学生更好地学习英语"设为小组领导力活动的主题。经过长达一个月的反复讨论，同学们最终敲定了活动的细节、行动方案和如何筹备资金用品，并于2011年4月正式开始了志愿活动。

之所以选择与英语教学相关的活动作为学期项目，还有另外一方面的考虑：项目小组的成员都来自郑州中学的国际班。身为国际班的学生，他们比参加高考的同龄人拥有更丰富、更有效的英语学习资源，如英文期刊、课程图书、听力等影音材料等。在活动的过程中，为了保证学生们不会因为自身英语水平有限而影响活动的进行，有时还需要动用他们的英语老师提供帮助。因此，选择与英语紧密相连的课题，能够最大化地利用学生们身边的优势资源，争取将活动的成果做到最好。

［采访 time］

关于项目选题的动机，小组成员是这样说的：

"我就住在我们选定活动的农村小学临近的村子里，因为离得近，经常能看见那所学校的孩子拿着英语课本上下学。我发现他们的课本都很旧，英语水平也很低，发音都很不标准，就几次去仔细了解了具体情况，知道了他们学校很多困难的情况和催人泪下的故事……

"于是在学校领导力课程的课堂上，我就试着向同学们提出我的发现，还说了我希望帮助他们的想法，最后我的小组成员都觉得做这个项目不错，能给孩子们带去很多实际的帮助，比较不'虚'，还能利用我们国际班的好多资源，所以最后就这么决定了。"

项目小组组长　杨　帆

> 组员档案：
>
> 杨　帆
>
> 他可算得上组内神通广大的人物了，为小组活动做了不少贡献，为完成项目联系了进货地点、厂家和被支教的小学。最重要的是他为小组筹集到了活动资金，才使得整个项目顺利进行。在活动中，他和马井学校的老师们经常联系，关系密切，这都多亏了他与生俱来的亲和力。在整个项目中，他思维十分活跃，总是在大家没有头绪进行下一步时提出一些具有可操作性的建议。

"我们每天都在学习英语，用的都是高档教材，坐在明亮的教室里，用着多媒体教学设备……但是那些孩子们什么也没有。他们没有课外读物，对书本里的内容一知半解，老师也太少。但他们渴望学英语，每天上学下学的路上还拿着课本大声读……杨帆同学说给我们听的这些故事让我很感动，我觉得用中学生的能力，去帮助身边需要帮助的人，而且还是梦想着美好未来的可爱的孩子们，也很符合我们学校开发中学生领导力课程的初衷。让中学生用自己的力量做些除了学习之外的事，让中学生关心社会。"

> 组员档案：
>
> 徐皓月
>
> "最有爱心的支教小老师"非她莫属，在支教活动中，她热心帮助孩子们学习英语，设计有趣的小游戏，吸引小朋友的注意力，使他们都融入到活动中去，并且耐心地纠正他们的英语发音。在想一些解决办法时，她也积极献出自己的小点子。在准备文字材料时，她头脑缜密，不放过一处语法错误，其对待工作认真负责、严谨的态度给同学们留下了深刻的印象。

项目小组组员　徐皓月

25

酝酿：光的诞生

[项目活动过程]

项目活动分为两部分：第一部分——校园义卖，第二部分——义务支教。

第一部分是筹集活动资金，既锻炼了领导力小组成员们的能力，又在郑州中学的校园内做了宣传，产生了一定影响。这一部分耗时较短，属于前期准备阶段。

第二部分是义务支教，即到活动的学校——马井学校捐赠用校园义卖筹集来的钱购买的英语学习用品和书籍，并由小组内英语好的同学担任"小老师"，教孩子们一些课外英语知识。这部分是主要的活动内容，不是一次性的，而是长期性的，计划在高中时间内定时去做。

具体的项目活动流程介绍：

1. 时间安排表

时 间	内 容
3-4月	小组讨论，形成项目计划。
4月初	校园义卖活动开始
5月底	校园义卖圆满结束
6月6日-7日	购买支教物品，走进原阳县马井学校，开始"阳光英语"支教活动。共两次。
6月下旬	项目活动阶段性完成，形成项目报告书。

2. 人员分工表

姓 名	校园义卖	义务支教	其 他
张笑尘	售卖	小老师	制作展示用PPT
杨帆	进货、维持秩序	与学校联系和沟通	宣传
徐皓月	售卖、理财	小老师	撰写报告书
张嘉硕	进货、维持秩序	摄影	整理材料
孙首鸷	进货、维持秩序	小老师	整理材料

小组成员从郑州市小商品城购进了文具用品，资金来源于小组成员的集体筹款，作为大家"白手起家"的第一份投资！

在校园义卖活动中，小组共向校园内的师生发放了 200 份宣传单。宣传单由学生自己制作、印刷。

近两个月的时间，项目小组共举行了两次集中爱心义卖，每次义卖持续一个星期。由于学校是寄宿制管理，有着严格的规定，可利用的活动时

学生制作的宣传单

热闹的义卖现场

间仅限于下午 5 点到 6 点这一个小时。为了保证达到预期的宣传效果和力度，同学们都是争分夺秒，活动期间，每天下午同学们都会抓紧时间举行义卖。因为周末学习生活也比较忙碌，连到市中心进货都很紧张。可以说，项目小组是在最大限度内保证活动能顺利开展，并且取得了不错的成果。

最终，通过两次爱心义卖，小组共筹款 560 元。

[采访 time]

关于"你对校园义卖活动最深的感受"这个问题，小组成员是这么回答的：

"现场真的很火爆！初中部和高中部的学生都来了，好多人一听说是为了搞志愿活动举行的义卖，都很积极地支持，我们进的东西到最后卖得

行动的力量
XINGDONGDELILIANG

都差不多没了。举行义卖活动真的很不容易，因为现场只有两个女生在结账，速度挺慢的，所以买东西的同学都排成队了，很拥挤。我们男生负责维持秩序，虽然累，但是很有收获！

> 组员档案：
>
> **张嘉硕**
>
> 他表面上看起来很内向，但却有一颗炽热的心，积极为小组奉献着自己，有什么脏活累活总是冲到最前面。他也经常出一些很棒的小点子，使活动中的困难都能迎刃而解。还有最重要的一点，他是我们组内的"小活宝"，言谈举止十分风趣，比如在一次班内展示中，他负责描述活动图片，他幽默的讲话风格使同学们愿意聚精会神地参与我们的活动展示，不时赢得阵阵掌声。

"因为要遵守学校作息规定，我们只进行了两次集中的义卖。500多元虽有些少，但我体会到了做项目的不易。因为你要和成员分工，还要不断地和那些不了解我们活动的同学沟通，让他们知道我们是在做善事，做好事，不是以赚钱为目的。很多东西对我都是考验。"

项目小组组员　张嘉硕

[那些人，那些爱]

1. 在校园义卖活动结束之前，我们又收到了杨国富先生的爱心捐款。

杨国富是原阳县桥北乡马井学校旁一个木材加工厂的经理，他最先发现马井学校的英语教育问题。在项目活动中，他一直密切关注着活动的进度，是和同学们联系最紧密的人。关于马井学校的真实情况和实际需求，小组成员最初大多是从杨经理处了解的。

"学好英语是他们以后找到好工作的关键，"杨经理在捐款时，对同学们说出了他的想法，"现在越来越多的人学英语，也有越来越多的工作需要会英语，只有他们学得好，那些待遇好的工作才会给他们机会。所以，他们好好学英语，就是给自己创造未来。你们这个活动太有意义了，我觉得应该支持！"

杨国富个人共向小组捐了800元钱，并承诺会跟工厂商量，给马井学校提供更多的帮助。

2. 一句英文励志名言"Try your best, never give up"是全体郑州中学国际班师生们对马井学校孩子们的祝福。一条红色的横幅凝结着国际班同学们的爱，不止是这个领导力项目小组的同学们，班上其他领导力小组的同

学，还有老师都纷纷在条幅上签下自己的名字与一句简短的鼓励话语。这条横幅承载着领导力小组成员们的爱心和希望，希望能够给马井学校的孩子们带去更多学习英语的力量。

3. 在用校园义卖获得的钱购买学习用品时，有一个人再次深深地打动了"阳光英语"项目的领导力小组——他就是郑州市东三街文具商品城的王老板。

"在听说我们购买他商店里的文具是为了捐赠给农村小学学习英语之后，王老板十分爽快地就说他不赚我们一分钱。虽然他的店也不大，并不富裕，但王老板坚持为这次的活动奉献一份爱心。'加我一个！'王老板用河南话笑着说。他还约定以后和我们进行长期合作，'有需要就来！'我觉得他是我们项目真正影响的第一个社会上的普通人。"

> 组员档案：
>
> ### 孙首鹜
>
> 具有演说家风范的他在组内做了很大的贡献，在演讲或向老师同学们展示项目时，他总能赢得大家的赞赏和掌声。他那自信满满的神情总能够给大家振奋气势、加油鼓劲。在义卖中，他积极为小组活动进货搬运东西。在支教中，他热情地带领孩子们做有关英语的小游戏。

项目小组组员　孙首鹜

热心的王老板拥有一家不大的店铺，专门批发文具用品，赚得并不多，但了解到小组的活动后，他主动打折，几乎不赚钱，就让小组成员购齐了活动的用品。他说，赚钱很重要，但如果自己赚的钱还能帮助到孩子们，那这个钱就更有意义了。

项目组成员与文具店王老板（中）的合影

[**财务收支状况**]

通过校园义卖共筹款 560 元；

得到杨经理爱心捐助 800 元；

购买文具书籍共花费了 520 元；

剩余的 840 元作为"阳光英语"项目的后期活动基金。

贡献：光的辉映

有这样一所学校——

全校只有一位英语老师；

没有任何听力设备；

每班每周只有两节英语课；

除课本外，没有任何练习册和课外英语读物。

有这样一位老师——

负责全校 1—6 年级的英语教学工作；

没有进修和培训的机会；

无法完成听力训练；

曾多次向当地教育局反映，希望增加英语老师和改善条件，但还没有结果。

这所学校，就是位于河南省原阳县桥北乡的马井学校。这位老师就是小学里唯一的英语老师，一位日日夜夜担忧着学生的英语学习，一心在艰苦的环境中为他们操劳的马老师。

校园大门

害羞的马老师不愿拍摄正面照片

[我们能为他们做些什么？]

"通过交流活动，尽小组的努力在一定程度上改善马井学校学生们的英语学习条件，丰富英语教学资源，并对他们进行适度的英语学习辅导。"

项目指导老师　华　勇

"除了在学校里义卖筹钱购买学习用品之外，还要定期到马井学校去做支教活动。我们一有空就去做活动，教他们我们学的英语知识，尽量选一些实用的，为他们以后上中学或者参加工作打好基础。我们学习太忙的时候，就多托人给他们送些英语读物。总之，要持续地帮助他们，用我们最大的力量改善他们现在的条件。"

项目小组组员　张笑尘

组员档案：

张笑尘

她敏捷的思维，灵活的头脑，丰富的想象力，极好的应变能力都是让同学们羡慕的。她有一个热心肠，活动中处处都能看到她忙碌的身影。有着极好文学功底的她，出版了《我的单词簿》《我的涂画册》等书籍，其中，《我的涂画册》还获得了 2010 年度"中国最美的书"称号。

在校园义卖和购买学习用品的活动圆满结束之后，小组全体成员来到了马井学校，跟受到帮助的孩子们亲密接触——

第一次、第二次支教交流活动具体内容：

1. 布置支教活动的教室；

2. 赠送英文励志条幅；

3. 做"苹果夹夹乐"游戏，与学生们拉近距离；

4. 用英语做"传话"游戏；

5. 带领同学们练习英语听力；

6. 带领学生们用英语做自我介绍；

7. 为每个学生起一个有含义的英文名字；

8. 教学生学习各种动物的英文单词并且做连线练习；

9. 赠送文具与英语书籍，并与师生合影留念；

10. 与老师座谈，讨论学校的英语教学问题。

项目小组为马井学校的同学购买了一些有趣易懂的外文读物用来培养他们学习英语的兴趣，同时提升他们的英语水平，有企鹅阅读少儿版读物《青蛙王子》《白雪公主》《三只小猪》《灰姑娘》。考虑到他们的英文水平有限，简单的英文读物有助于提升他们对英语学习的自信心。当然还有少量的《书虫》系列给那些水平较好的同学使用，如《三个火枪手》《海底两万里》《简爱》等。

所有被送去的书籍都是精心挑选过供不同程度的学生使用的，这些图

书中包括科普著作、文学名著、少儿童话，让同学们在学习英语的同时开
阔了眼界、丰富了知识面、了解到了国外的历史。

　　马井学校一个班级中英语最好的小男生，他在用自信的英语向全班同学和来自郑
州中学的"小老师"们做着自我介绍——虽然他发音不标准，词汇量很有限，但他对
英语学习的热情却毫无保留地体现了出来。站在鲜红的条幅下，这个瘦黑的身影成为
了这次义务支教活动中一道闪亮的风景线。

拿到学习用品的孩子们兴奋不已

　　郑州中学张笑尘同学在担任马井学校英语课的"小老师"，带领学生一起做"动物连连看"的益智英语游戏。她写出几种动物的英文名字，又画出它们的卡通图样让同学们上前连线。为了让孩子们体会到学习英语的趣味，"小老师"们设计了许多这样简单轻松的小游戏，帮助大家记住更多单词。

　　为了能有比较好的活动效果，活动场地设在了六年级的教室，这个教室是马井学校配置最好的教室，这个教室里的课桌也是由爱心人士捐赠的。

第二次义务支教结束时的合影留念

你抬起兴奋的小脸

像一朵明媚的向日葵，

吸收着知识的阳光，

永不倦怠。

红红的日头已经落下了，

你依然

缠着我问你好奇的问题。

我看见你的背后，

有很多璀璨的斑点，像明日的艳阳，在不停地闪。

     ——小组成员张笑尘写给马井学校孩子的诗

[心   声]

通过两次在马井学校的教学活动，我们了解到了师生们最真实的想法：

孩子们最喜欢上的课就是英语课；

有学生每天晚上定时大声练习英语发音；

很多学生想到国外看一看；

孩子们表示如果我们放假能来支教，他们愿意放弃玩乐来学校跟我们学习英语；

希望能为学生找来更多的英语练习册和英语磁带；

希望能批准增加英语老师。

第二次活动结束后，领导力小组给马井学校孩子们的承诺：

每三个月一次，来校进行英语支教活动；

持续捐赠英语读物和音像资料，不定期举行校园义捐义卖，发动大家捐赠书籍和学习用品；

把活动在社会上多做宣传，得到更多的关注和支持，尤其是工厂和商家的支持，真正地改善马井学校的英语学习条件。

[采访 time]

关于"你们的活动以后还会继续做吗"这个问题，小组成员答道：

我们不是来一两个小时，和大家玩玩就结束了，以后再也不来了。我们要真正给马井学校那些喜欢学英语的孩子们想要的东西，和他们多做些英语游戏。我家还有很多书，都是我上小学时候看的英语杂志和画册，特别棒，我回去都要整理好带过来，尽我最大的努力多帮他们。

项目小组成员　徐皓月

[采访 time]

关于"怎样保证你们能提供给马井学校学生们有意义的英语学习内容呢"这个问题，小组成员答道：

我们教孩子们的东西，都是小学和初中时候老师教给我们的，像语法、单词、口语会话，都尽可能确保没有错误。学校的英语老师也帮了我们很多忙，设计了英语游戏，还纠正了一些"小老师"们的发音。我们都是高中生，英语虽然不专业，但是我们都是用心去教他们的，质量上绝对有保证！

项目小组成员　孙首骜

反思：光的力量

[项目小组的社会影响]

在"第二届全国中学生领导力大赛"上获得瞩目；

得到了社会人士的支持和捐助——杨国富经理、王老板、郑州中学国际部的老师们、丁辉先生、陈女士、张锐先生……

神秘人物大揭秘：

丁辉，项目小组所在班级的一位学生家长，一直关注和支持着小组的活动。不仅捐了款，还为小组在校外活动提供车辆，由于为人低调，所以不愿透露更多信息。

陈女士，一位出版社的编辑，也是为人低调型的，给项目小组提供了不少帮助，只为能让马井学校的学生们有个更好的学习环境。

张锐，桥北乡副乡长，和杨国富、小组成员一起针对马井学校的英语学习问题有过深入的探讨，也是代表政府部门，了解学校需求和我们小组项目活动的主要成员。虽然现在还没有明显的举措来改善马井学校的学习设施和条件，但副乡长很关注这个问题。

[项目小组的收获]

马井学校的老师和学生给予我们较高的认可与评价。马井学校的学生不仅在物质上得到了帮助，同时也沟通了感情，有了更强烈的对于未来学习和生活的美好期望。

从组织、策划到行动，小组完整地经历了一次领导力活动，得到了个人能力的提升和经验的累积。活动中，每个成员都得到了锻炼和成长，团队意识得到了提高，更加明白了领导力课程的精神所在。

["阳光英语" 项目的优点]

项目实际帮助了需要帮助的人群，得到了直接成果；

得到了桥北乡乡政府的关注，在一年内有望真正为马井学校解决缺英语教师的问题；

通过小组的努力，项目得到了社会各界人士的关注和支持，体现了中学生领导力能力的延伸；

活动的组织很有序，从校园义卖到校园支教，同学们的分工清晰合理，严格按照计划中的日程表行动，行动很有效率，给学校其他领导力小组做出了榜样；

得到了马井学校师生很高的评价，建立起了长期的交流关系，让项目能走得更远，不仅仅止步于一个学期的时限。

["阳光英语" 项目的不足]

因为人力和财力的限制，活动的资金并不充足，受惠的人数也比较少，仅限于马井学校高年级的部分班级，还没有惠及整个学校以及其他村级小学；

如何能够吸引更多社会上的人士关注农村小学的英语教育问题，小组还没有设计出一个有影响力的、新颖的宣传方案，进一步的宣传和呼吁捐助的活动还有待展开。

We Never Stop！

因为小组成员的课业很紧，很难频繁地到马井学校活动，那么，怎样让孩子们持续从 "阳光英语" 项目中受益？

为了 "阳光英语" 项目能够一直为马井学校的师生们服务，领导力小组提出了这些后续活动方案——

1. 在郑州中学校园内举行捐赠英语图书的活动，在国际班内设置一个固定的捐赠点，每个月托组长杨帆送到马井学校；

2011 年 12 月，领导力项目组争取到木材加工厂杨国富经理的支持，将马井学校的课桌全部免费更换。

2. 和学校内其他领导力活动小组的项目合作，用同学们活动取得的善

款，购买录音机、CD 机和新的黑板等马井学校需要的教学设备；

3. 说服更多的社会人士加入"阳光英语"项目中来，切入点可以放在报社、微博和学校社团。

得到崭新的课桌，同学们的内心充满了喜悦

收获：光的温暖

一路上的成长与收获，一路上的歌声与欢笑。在领导力课堂上，我们释放着激情的火花，燃烧着靓丽的青春，用自己的双手去帮助社会上需要帮助的人群，用自己的双眼去发现中学生的力量之美……

项目小组成员合影
徐皓月、张笑尘、孙首鹜、杨帆、张嘉硕（从左至右）

[心路历程]

姓名：杨　帆

历程1：我担任"阳光英语"项目组的组长，负责组员任务的分配。而我在项目的第一部分——校园义卖主要承担进货、维持秩序的任务。经过组内的讨论，最终决定购进学生们需要但是在学校超市购买不到的物品，例如精品文具、扇子、跳绳、镜子、密码锁等等。之后的几天我们就开始策划寻找商家，毕竟不是每一个批发市场的商品价格都如我们所愿。最终我们把进货的地点定在火车站附近的国际小商品交易市场与旁边的金林市场：第一，这两家市场相较于其他市场的物品价格更加低廉，品种也更加齐全；第二，他们都位于火车站附近，方便寻找货车给我们拉货。用了两天的时间我们把第一批货运送到学校。从4月初开始，我们就开始在校内进行售货。由于在学校搞这样的活动对同学们来说很新奇，而我们又把售卖点设在校天文台前，那是回寝室和去食堂的必经之路，每天的人流量都非常大，加上我们在一旁张贴的活动海报，所以路过的人都很愿意献出自己的一份爱心去购买我们的小商品。然而现场爆满的人导致了秩序的混乱，我和另外两名同学便开始忙碌于维持秩序的工作，让他们排好队有秩序地进行购物。那几个星期真得很累，但是很值得。

为了让我们的活动顺利进行，我与马井学校的政教老师联系并且约了时间见面，在得知我们活动的目的以及流程后，他非常期待我们的到来，很愿意帮助我们。为了寻找更多的投资者，我开始组织组内人员进行我们的宣传工作，在学校的初中部、高中部的宣传栏上各贴了一张海报，并且在桥北乡（马井学校的校址）也张贴了海报进行宣传，最终找到杨先生、丁先生、罗女士作为我们项目的投资方。

历程2："阳光英语"项目的成功点有很多，尤其是在校园义卖和项目的延续发展上。第一，我们活动的大部分资金都是通过自发组织的校园义卖得来的。这一过程不仅仅是收获了大量的活动资金和自身社会经验的积

累，更重要的是我们用自己的实际行动感染了周围的人。每一次作活动流程报告时都会受到其他项目小组的关注，他们甚至会争相模仿。毫不谦虚地说，这一环节我们成功了。第二，项目的延续发展，受到我们项目的影响，赞助商杨先生向马井学校友情提供了近 400 张桌椅，这样大规模的捐助证明我们项目确确实实感染到他人了。其实我认为最可贵也是这次项目中成功的关键点——项目组的组员都怀有一颗感恩社会和对他人负责的心，这样才可能融入到这个项目当中，做到恪尽职守。

历程 3：近期我准备组织更多的同学开展"阳光英语支教"项目。因为光靠我们五个人的力量是远远不够的，所以我准备在学校张贴海报，在郑州志愿者官网上写帖子招募更多的英语能力强、负责任的组员，组织大家每个月的中旬和月末去进行支教。我们的目标学校也要扩大范围，不仅仅只有马井学校的英语教学需要帮助，还有更多的孤儿院的孩子和在外面的流浪孩童都需要我们的关注。太多的问题需要我们去关注，而我们所能做的只是通过我们自己的努力尽可能多地去影响周围的人。如果人人伸出一双热心之手，那么我们社会上还会存在多少解决不了的问题？

姓名：孙首鳌

历程 1：每名队员在不同阶段中都有着不同的责任，在校园义卖活动中我的主要职责是进货，比如从市场买进一些扇子、文具、小饰品等等；第二个任务就是在销售现场维持秩序。我们的义卖地点在校天文台前，这里是初、高中部学生交汇的地点，同时也是我们进入教学区的必经之路，那里的人流量非常的大，可以起到很好的宣传效果。每天会很快卖掉很多商品。我选择的义卖商品都是我们这个年龄段的人所喜欢的小东西，但是因为我们的资金及人员的限制，我们的进货量十分有限，货物每天都会被抢购一空，同学们热情高涨，踊跃购货，场面相当壮观。

在义务支教活动中，我的任务就是充当一名小学的英语老师，在教孩子们一些必要的英语常识的同时，培养孩子们学习英语的兴趣，并让他们体会到学习英语的快乐。

历程 2：在活动的过程中，也遇到了一些困难。

遇到的第一个困难是交通问题。首先是因为我们 5 名队员住的小区都比较分散；其次是因为我们支教的马井学校离郑州市也比较远，交通十分不便。因而我们只能麻烦一位家长开车把我们送了过去。

遇到的第二个困难是教与学的"管道不畅"。去支教之前我们已经或多或少地了解了一些他们的英语情况，但当我们真正与他们交流时，情况比我们预期的还要糟，经常会出现我说的他们听不懂，他们说的我也听不懂的状况，所以我们最后放弃了那些死板、无聊的理论知识，把所有精力集中在培养他们学习英语的兴趣上来，并做些简单有趣的小游戏，用这些方法教他们一些简单好记的英语单词并纠正他们的发音。

为什么这么多人关注？

我们做这个活动的根本目的就是为了能够让更多的好心人关注他们，帮助他们。但我们五个人的能力毕竟有限，如果能够通过我们的力量把这件事情宣传出去，通过社会和政府的力量帮助他们，这所小学的现状才能得到根本的改善，得到一次质的飞跃。所以在项目活动中，我们把重心放在了宣传上，并且脚踏实地地去践行，也许正是我们的热情感染了大家，所以得到了很多人的关注。

历程 3：提高这次活动的影响力与知名度，是我们的近期目标，其中包括如何让更多的市民关注，并且认可我们的项目。我们希望能够利用媒体的力量，把我们所做的事情报道出去，用我们的实际行动感染他人，同时也希望大家能够通过事实相信我们确实在用心做这个活动。最终让我们的活动起到抛砖引玉的作用，让更多的人关注并帮助那些渴望知识但又没法上学的孩子，让知识改变他们的命运。

项目组成员：杨　帆　徐皓月　张嘉硕　孙首骜　张笑尘

指 导 教 师：华　勇

采 访 人：何怡辰

撰 稿 人：田玉宝　何怡辰

让家长伴我们共同成长

——威海市第二中学领导力开发项目

> 要做事，先做人。
>
> 领导力是做人的艺术，具体来说，是一种有关前瞻和规划、沟通与协调、真诚与均衡的艺术。作为一校之长，我很庆幸能够参与"中学生领导力培养"课题，也希望借助中学生领导力开发这样一个有力的平台，探索培养精英人才的途径。
>
> ——威海二中校长　刘建国

我们是威海市二中一群涉世未深的高中生，我们提出一种新颖的教学方式——让家长走进校园，走进课堂。这样不仅展现了家长们各自的特长与魅力，而且让同学们丰富课外知识的同时增加了对家长的信任和尊重。

我们通过自己的行动实现了这个想法，干得有声有色，成效显著，这样的锻炼为我们的青春增添了一抹五彩之光，为我们的经历谱写了一曲壮丽之歌。

常言道："父母是孩子的第一任老师。"我们不难发现，平时在和家长的交流中，他们会讲述工作中如何处理遇到的问题或者总结工作中成功的

经验，这些或多或少可以运用到我们的学习生活中来。家长的创业成长经历和职业特长是我们认识社会的一扇窗口，家长从事的各种职业以及对我们的支持，能使我们的综合实践活动更加生活化、更接近实际。

这正是我们项目小组确定课题的灵感所在，我们设想，能不能把这些潜藏在家长身上的课程资源进行整合，利用不同职业家长的优势，丰富学

颁发给老师的聘请证书

校的课程资源。我们计划根据家长的职业特点，结合学校的学科特点丰富校本课程，建立一个课程资源库，为学校的课程建设提供支持和帮助。全校有 4500 多名学生，联结着 4500 多个家庭，4500 多个家庭联结着 9000 多位家长和 18000 多位老人。可以想象，在这些家长和老人身上蕴藏着多少丰富的课程资源！这一设想激发了我们开展项目研究的热情，经过探讨、论证，我们确定了"家长课程资源库"建设项目，并把这个项目定位在校园服务项目中。

项目指导老师：丛蓉

众多对课题感兴趣的同学参与竞选演讲

在项目活动开始之前，我们向全校发起号召。此项目不仅得到了校领导和老师们的大力支持和高度关注，也吸引了大批学生积极参与。

　　在丛蓉老师的指导下，我们通过竞职演讲选出了项目主席和项目秘书，并将成员分成三个小组，分别负责宣传策划、信息资源和协调联络。我们这支小分队像一家人，其乐融融，互帮互助，为实现建立"家长课程资源库"的愿望共同努力着。

　　我们的项目主席肖培任和项目秘书梁艺宝都是成绩优异、性格活泼幽默的大男孩。虽然肖培任是主席，但是他主动地为大家担任了服务者的角色，深受我们的爱戴。和梁艺宝一起工作时，同学们能学到很多知识，他是我们团队的"小博士"。

肖培任正在进行项目主席就职演讲　　　　　　项目秘书:梁艺宝

　　项目活动宣传策划组组长是霍美希，他们主要负责组织问卷调查、组织家长申报课程资源、负责各种宣传工作。鹿宁同学作为小组内唯一一个男生，发挥国际绅士风度，可是多干了不少活儿呢！

　　项目活动信息资源组。主要负责整理问卷，建立家长课程资源管理数据库，对家长课程资源库开发与利用情况进行适时管理。小组内唯一的男生丛子涵是组长，

渐渐地，我校引进家长课程资源的做法引起了多家媒体的关注，《直播威海》《威海晚报》等进行了相关报道。

威海教育网的报道截图

周琳在接受采访时说："走进'家长周末大讲堂'，我学习到了许多书本上没有的知识，家长中卧虎藏龙，精英遍布，让我们醍醐灌顶，眼界豁然开朗。这也启示我们，要积极和家长沟通。我们在活动过程中，收获了知识，培养了能力，也建立了珍贵的情谊，同学之间互帮互助相互配合，默契度在不知不觉中提升，大家体会到了小组合作的力量。但在活动进程中也发现了诸多问题，如对数据和录像的选取，对工作中某些细节的处理还不太成熟，在与家长交流沟通过程中明显经验不足。这些都激励我们要不断完善自己，提高人际交往能力，一步步走向成熟。相信在大家的共同努力下，家长课程资源库的活动会越来越完善。

鹿宁在接受采访时说："回顾我们的活动历程，我们曾面临困难，但我们没有放弃；我们曾历经坎坷，但我们没有逃避。当看到家长们在上课前精心准备，在课堂上侃侃而谈时，我备感欣慰，这是我们的努力换来的。在项目的策划与实施过程中，最重要的是数据资料的收集、分析与处理。对上千份问卷审阅分类，仿佛是在面试上千位各行各业的家长，只为选出那位值得信赖的'老师'。我们的目的是让家长做同学们的老师，而在项目实践中，项目本身就是我们的老师。在活动中，统计数据不是一项机械的工作，在这个过程中，我们的数据分析、处理能力得到了提升，也增加了我们的自我认同感和自信心。团结合作也是项目顺利进行的一大保障。在项目中，小组成员分工明确，各司其职，使项目工作能够高效运行。在今后的项目活动和学习生活中，我们应该发扬团结、互助的精神，使团体效率大于个人能力的总和。这个项目是我们的一大胜利，愿我们乘风破万里浪，在今后的项目活动和学习中取得更大的成功。"

丛蓉老师要求我们写个人自我评估，梁艺宝这样写道："从项目的最初创意策划到具体实施，每一个细节都凝聚着团队成员的汗水和努力，可以说，项目的成功是我们大家共同努力的成果。我们这个项目简单易行，容易操作，但是受益人群和项目产生的后期效果是不可估量的。我想，如果我们的项目能在其他学校得到推广和普及，学校的家校合作工作一定会迎来一个崭新的局面。在项目实施的过程中，我也常常被家长们的敬业精神所感动，为了给同学们上好一堂课，他们提前备课，提前来学校演示课件，家长们身上体现出来的这种精神，是值得我们学习的。"

霍美希这样写道："首先，我非常幸运地参加了家长课程资源库建立项目，在活动中我收获了很多。家长中有社会阅历丰富的，有在某一领域有专长的，他们都可以成为我们开展综合实践活动的指导者和参与者。这就使蕴藏在家长中的专业资源被我们共享，让我懂得资源共享的快乐和真谛。当每个人都以一颗奉献之心，去尽自己一份力量时，一切都是这么的温馨和美好。宣传部的工作，让我们学会了更多沟通的技巧。家长的积极配合和努力才使我们的项目有声有色，这是团结的力量，也是合作的力量。同时，学生和家长需要相互理解，这也是本次建立家长课程资源库带给我的一大收获。我认为，建立家长课程资源库是个很好的想法，通过我们的努力，希望能将家长课程资源优势发挥到最大，给每个同学最大的益处。"

张涵瑜的自我评估更为深刻，她说："经过近三个月的努力筹办，我们的家长课程资源库项目终于由一纸计划书走向了生动活泼的课堂。这个投入了小组成员无数心血的项目在我们期待的目光中开展得风生水起，真正使我们感受到了领导力课程带来的充实与成长。尤其是当课程真正开展之后，我们逐渐发现了它的魅力所在。家长课程资源库，顾名思义，是利用潜在的庞大家长资源来为学生的健康成长服务，让同学们能够多多少少接触一下社会，增长自己的见识，为理论课堂开一扇实践之门。当我们进入家长们的课堂中时，家长们质朴生动的语言迅速吸引了我们，激发了我们旺盛的求知欲。与平日老师们上课时理论性十足的授课内容不同，家长们用一件又一件生活中俯拾皆是的趣事将课堂氛围调动得活跃而充满创造力，严肃不失幽默的金融课堂，娓娓道来的民俗文化，一切都让我们感到新奇而有趣。而平日里与我们总有"一沟之隔"的家长们在这个平台上展现的风度、知识面，使同学们产生了敬仰与尊敬之情。从同学们的眼中，我们可以看到荡漾着一种好奇与喜悦，那种青春期目空一切的自大渐渐消散了。家长课程资源库项目让他们看到了自己父母在各自的领域里自由挥洒的风采，极大地提升了父母在他们心中的地位，对学生的家庭教育起了积极的作用。回顾项目开展的三个月，既有山重水复的迷茫，又有柳暗花明的惊喜。在项目中，我们真切感受到了领导力的魅力所在，对 leadership 也有了更深的理解。开发领导力，展示领导力，提升领导力，我们会在领导力的舞台上演绎更多的精彩！"

现在，我们经过努力，利用家长课程资源建立了多个校外家校合作综合实践基地。当我们去威海市儿童福利院、威海市敬老院、威海烈士陵园、迪沙药业集团、华能电厂和文登天福山起义纪念馆进行交流实践时，心里总会有一种油然而生的自豪感，这是我们的劳动成果，值得骄傲！

参观和操作消防仪器　　　　　　　　迪沙药业参观工艺流程

在活动中，我们经历过挫折，收获过喜悦。我们曾为寻找一个最适合的课题焦虑过，也曾为合作中产生的分歧烦恼过，但这些都是宝贵的经验和财富，让我们能够更加成熟地去策划实施项目，让我们的心连得更紧，目标也更加明确。

　　我们不会忘记和家长沟通时的忐忑不安；我们不会忘记家长为同学们精彩演绎的每一堂丰富多彩的课程和同学们久久不能停息的掌声；我们不会忘记课堂上同学们专注的表情以及时时迸发出的爽朗的笑声；我们更不可能忘记为了完成课题大家所付出的努力和辛苦……这些难忘的往事让我们更好地成长，它们不是教科书上死板的知识，而是一种由酸甜苦辣交织而成的体验，一种由岁月慢慢打磨而成的光华。因为经历了实践，经历了磨炼，我们收获了为人处世的哲理、坚韧不拔的毅力，也收获了灿烂珍贵的友谊。

　　充满希望的春季陪伴了我们项目的计划实施，火热的夏季见证了我们项目的完美落幕，收获的秋季在远方向我们招手，相信下一次更加成熟干练的我们会取得更好的成绩！

项目组成员：梁艺宝　鞠卓颖　许钰涵　肖培任　周　琳　张思嘉
　　　　　　鹿　宁　唐一超　马琳琳　曲世年　全睿琳　张涵瑜
　　　　　　霍美希　丛子涵
指导教师：丛　蓉
采 访 人：梁艺宝　鞠卓颖　许钰涵
撰 稿 人：朱淑扬

附录 1:

项目主席竞选演讲稿

(一)
40级(2)班　丛子涵

大家好!我是来自40级(2)班的丛子涵。在这里,我要竞选项目主席一职。首先,我对能够参加本次竞选感到十分荣幸,所以我会尽全力做好本次演讲。如果我有幸当选项目主席,我将会同大家一起努力策划好项目,将全部热情投入到项目活动中。我相信我们大家会成为一个完美的整体。

如果我能当选,我会带领大家向"更快、更高、更强"的方向发展。我坚信:我们的团队将会是一个充满活力,有战斗精神的团队。要做到这些,需要大家相互了解,增进友谊,将各自的长处发挥到极致。只有这样的团队才可以勇往直前,我相信这也将是我所带领的团队。

但做好团队只是第一步,我们的任务是研发项目,寻找有关信息,合理地分配与合作。在这里,效率是很重要的,我会在轻松愉快的氛围下调动成员寻找资料的积极性,让大家精神百倍地去完成各自的任务。这样才能体验到做项目的快乐,才能使团队更加融洽,才能更高效地完成工作。

为了做好项目主席这项工作,我会借鉴其他项目经验,反复研习领导力开发这门课程。我认为,这个项目是为了提高我们每一个人的能力、增强我们的团队合作意识,所以在合作的同时,我会争取让团队中的每个成员改正缺点、发扬优点,让个人的成长带动团队整体的提高。这样,我们不但可以在活动中脱颖而出,而且对以后的学习乃至工作都会有很大的帮助。

如果我有幸当选为项目主席,我将不遗余力地将团队提升到一个更高的层次。希望同学们能够信任我,给我这次机会,我也一定不会辜负大家的期望。

我的演讲完毕,谢谢大家!

（二）

高二（1）班　霍美希

敬爱的老师、亲爱的同学们：

大家好！我是来自高二（1）班的霍美希。今天，我参加项目主席的竞选。就像卡耐基说得那样："不要怕推销自己，只要你认为自己有才华，你就应该认为自己有资格担任这个或那个职务。"我们班同学总说我像推销员。这次我就来个特别版的推销，我要推销我自己，争取得到大家的支持，支持我做项目主席。

首先，给大家谈谈我对项目主席的看法。老师说项目主席就是这个项目团队的核心人物，是一个团队的灵魂。作为项目主席要有能力使这个团队成为一个真正的团队，有一定的团队精神。我会尊重团队里每个人的兴趣和个性，了解团队里每个人的特长，发挥每一个成员的优势。我有一定的亲和力，我会与团队中的每一个成员积极沟通，交流对项目的意见和建议，通过项目实践凝聚力量。"一个人的智慧不够用，两个人的智慧用不完。"我相信，经过我们的共同努力，我们团队的智慧会使我们参与的项目更加精彩！

如果我能竞选成功，我要组织团队中的每一个成员深入了解我们的项目，对项目有一个整体的把握。从策划方案，到交流方案，再到确定方案，以及最后的实施方案与评估，我都会和大家共同研究，共同探讨。作为项目主席，我会脚踏实地地做好每一步计划，与大家积极讨论，在修改项目计划中不断提高大家团结合作的能力，从每一个细节做起，确保项目实施过程不留下任何遗憾。当然，项目实践不是我们平时做的习题，仅需要我们动脑动笔，更多的是需要我们去积极参与、实践和反思，在合作中服务社会、服务他人。为了推进项目方案的实施，还需要协调、联系许多相关的组织机构，我会充分发挥自己的特长，积极做好协调、沟通工作，同时也希望大家能够积极努力，共同配合。

　　有人说，机会就像飞速转动的齿轮，当你犹豫时，它已经转过去了。今天，我鼓足勇气站在这里竞选项目主席，这是一个可以让我把想法转换为实践的一次机会。实践是检验真理的唯一标准，我希望大家能够给真理一个机会，也就是给我一个机会。今天，站在这里的我没有别的选择，唯有饱满的精神，满腔的热情，百倍的信心，准备全心全意投入到项目实践中去，我十分愿意做同学们所期待的项目主席。敬爱的老师、亲爱的同学们，请大家能一如既往地支持我！你们手里的选票还会犹豫吗？ 我的演讲完毕，谢谢大家！

附录 2：

项目主席就职演讲稿

高二（2）班　肖培任

不曾忘记竞选时的豪言壮语，不敢忘记心中的那份责任与使命。数日前这里竞争激烈，创新的火花在这里迸发。今天，这里只有我一个人，一个完全属于我自己的舞台。此刻，我的心情非常复杂，除了从众多竞选者之中脱颖而出的喜悦外，更多的是肩头的责任。当上项目主席固然光彩，但再强大的领导集团也是建立在群众基础上的，所以我今天的演讲希望能够得到所有人的支持。今天是腾飞的一天，是绚烂的一天！也是在今天，我要向你们证明：既然你们选择了我，我不会让你们失望的。

要领导别人，首先要领导好自己。我深知自己的缺点：自制力不好。那么针对这个缺点，我想请大家监督我，约束我。我想让大家有一双火眼金睛，不仅在我做的不好时能够火辣辣地看着我，而且能够透过现象看到本质，找到项目进行中的纰漏与不足。

作为项目主席，我会做好自己分内的工作，统筹全局，科学管理。我在工作中会虚心接受来自各个方面的建议，认真考虑，缜密思考，力求决策的科学性与准确性。我还会积极联系，动员各个方面的力量，为我们项目的进行注入动力与活力。我也希望我的决定能够得到大家的支持并认真地执行。

作为一个领导者，我不会患得患失，更不会怨天尤人，有了问题，先进行自我反省，然后落实到人。一个高效运转的团队需要铁一般的纪律和山一样不可动摇的尊严，做就要做最好的，就要让别人刮目相看。当每个人的优点凝聚到一起发出耀眼的不可抵挡的光芒时，就是我们站在山巅俯视群雄的时候。

汪国真说："我不去想是否能够成功，既然选择了远方,便只顾风雨兼程；

我不去想身后会不会袭来寒风冷雨，既然目标是地平线，留给世界的只能是背影。"我希望每一个人都能完成从演说家到实干家的完美蜕变，对未来充满信心。

春天，我们播下了种子，将来，我们收获的必将是万顷的金黄！

谢谢大家！

果落秋阳

——贵阳市民族中学领导力开发项目

开发中学生领导力，成就了学生从书本走向实践，从课堂走向社会，从传承走向创新。

——贵州省贵阳市民族中学校长　魏　林

梦里，那条带子缠着绕着，后来就不再是灰色，绚丽多姿，光彩夺目，带子上印着孩子纯真的笑脸和轻快的脚步。好像这山架到那山，一直架到山外的虹。

果落村，云贵高原上一个默默无闻的小村庄，因为三个中学生的一封信，走上了《贵阳晚报》《黔中早报》，走进了他们永恒的青春记忆。

果落起舞——青春的心，在这里起飞

2010 年秋天，贵阳民族中学三个高二学生怀揣着稚嫩的梦想来到果落村，在这里埋头苦干，追逐青春时光里的太阳。

金志中的成绩一直不理想，到了高中之后，学习压力明显增大，天天面对繁琐的练习题和堆积如山的课本，他感到疲倦，性格越来越沉闷，于

是电脑成了他最好的消遣。父
亲没有像别的家长那样把电脑
和孩子隔绝起来，这一点远见，
给了他一把钥匙，机缘巧合，
他拿这把钥匙打开了青春的另
一扇门。他用涉世未深的眼睛
和心灵，思考着中国农村教育
的问题，并把他的关切倾注到
果落村，和同伴们一起走过了
一段青春升华的美好历程。

果落村的树林里，金志中在统计问卷，斑
驳的阳光中，他专注的神情是最亮丽的风景。

　　吴辉华，在贵州都匀农村
长大，上高中时来到了民族中学。他学习成绩很好，是一个内敛、沉稳、

小同学在填问卷，吴辉华就帮着干起活来。

刻苦的孩子。从农村来到城
市的经历，让他看到了农
村与城市教育环境的天壤之
别，从那一刻起他就开始质
疑：为什么会这样？他的叩
问，引导着他和同伴一起前
行；他的执着与坚持，引导
着大家一起走完了果落村的
这段旅程。

　　何育林，一个让父母操心，老师头疼的孩子。他看过很多书，很小就
背过老子的《道德经》，初二的时候，他就在看尼采、海德格尔的书。他
常常和老师起冲突，上课总是无休止地睡觉，但在王老师的历史课上他却
总能和老师积极互动、侃侃而谈。正是这一点成就了他和果落村的缘分，
王老师把他引进了项目组，因为不想让他把时光全部荒废在睡梦里。

青春是激情迸发的，而要生活充满激情我们必须找到遗失的指南针。

2010 年 10 月，受历史老师王义兰的影响，金志中，吴辉华，何育林组成了项目小组。

他们三个走到一起，只是想做点儿有意义的事情，具体做什么，却很茫然。金志中提议做关于"黑的"的

何育林，"围攻"他的花溪六中师生恋恋不舍地散去，他捏着手中一大叠问卷朝同伴得意地笑。

课题，何育林提出的是"校园文化的建设"，吴辉华则要做"调查农村教育现状"的课题。在长达一周的查询资料、论证选题之后，他们集体决定做农村教育。考虑到下乡调查的安全问题，王老师力图说服他们放弃这个课题，可是他们的坚持及眼神中透露出来的那份对农村孩子的悲悯情怀，赢得了老师的全力支持。

吴辉华说，他生于农村，比其他人更加了解农村教育的落后情况，他想通过自己的深入调查，尽自己那一点微薄之力去改变当代农村的教育现状。经过反复权衡，他们选择了贵阳市花溪区党武乡果落村作为调查地点。因为他们从同学杨培贤那儿了解到，果落村原来的村小学有 150 多个学生，但 2005 年撤校合并了。他们最初的想法，是了解一下撤校合并是利还是弊。

原以为决定好了课题项目就能一马平川地做下去，没料到其中的挫折与阻挠接踵而至。第一个环节就让王老师啼笑皆非，老师让他们先完成项目背景分析，结果，金志中交给老师一份长达三十多页的背景分析，他把从网上搜集到的有关中国农村教育、发展中国家的农村教育现状及发达国家的农村教育现状的问题一股脑儿全部摞起来了。老师让他删减浓缩成一两页，这可要了他的命，他说只会把东西加得多多的，不会减也舍不得减。老师告诉他们，美国小学高年级专门开了一门课程，给学生几篇文章，让他们摘抄改写成自己的一篇文章，可见信息的提取和再处理，也是一项基

本功。在无数次的删改过程中，金志中感觉自己逐渐攀上了庞杂材料的山顶，最终一览众山小了。

问卷调查也是几经波折。在进行调查时，他们第一次设计的问卷没有经过试调查就直接去村里做了实地调查，结果发现问卷存在许多问题。有些题是重复的，有些题让调查对象难以做出选择，仅一张问卷也不便于区别调查对象。在修改问卷的过程中，王老师向他们推荐了自己教过的学生，现就读于华中科技大学社会学专业的舒遥。舒遥介绍了几种问卷设计的技巧，于是，金志中上网找了李克特量表、沙氏通量表、相倚问题等专业知识，和组员们自学。

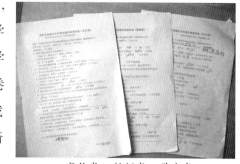
家长卷、教师卷、学生卷

最终，大家决定用等距抽样的方式确定调查对象。2010 年 10 月 25 至 30 日，经过一周的努力，他们设计出了三份问卷 —— 学生卷、教师卷、家长卷，力求全方位地了解果落村的教育现状。

果落秋阳——那个村庄，成了他们青春的故乡

2010 年 10 月 31 日，那个艳阳高照的秋日，连同帮忙的老师和同学一行九人，第一次来到果落村。进村的那条泥巴石子路让他们饱受颠簸之苦。进村后，老师胆战心惊地看着家家户户门口那凶悍的中华田园犬，几乎就想打退堂鼓，带着他们撤退。这时，吴辉华自作主张地安排：老师您病了（当时在发烧），就在村长家等着，我们分成三组分头行动，进门前先喊应主人，狗就不会闹了。

老师考虑的是学生的安全，可吴辉华考虑的却是老师的安全。那天上午他们走访了两个小时，那两个小时里，王老师如坐针毡，直到最后一组

学生毫发未伤地回到她面前才安心。

在村民家吃过午饭后，王老师还是跟着学生一起完成了下午的采访和调查。老师的担心，让他们做了一个大胆的决定：以后的行动不告诉老师了。

这次采访，他们发放了 200 多份问卷，调查对象的涵盖面很广，有撤并果落村小学后还原成为农民

废弃的果落村小学

的老师，有不同年龄层次的村民，更多的是正在上学的小学生和初中生。让他们感动的是，所有村民都是积极主动地配合。从调查结果中可以明显地感受到，大多数村民还是热切地盼望恢复 2005 年撤并的果落村小学。这一度让他们质疑，撤并一所拥有 147 个学生的小学，是不是真的做错了？

到村里发问卷时，他们还遇到一大严峻考验：很多年龄稍长的村民不识字。所以他们不得不给他们念问卷，就这样，念了将近 100 份问卷！

帮村民念问卷

通过这次调查，他们了解到村里的孩子基本上在两所学校上学——相邻的茅草村励志小学和较远的花溪六中。他们决定，下一步去了解这两所学校的硬件环境和师资情况。

11月8日，他们来到花溪六中。他们很难想象花溪六中作为一所从小学到高中都有的学校，竟是如此简陋，而家长和学生却说花溪六中条件好多了。操场的水泥地面到处都是裂开的缝隙，学校只有两栋简陋的教学楼，

花溪六中到处绽开裂纹的操场

外墙看起来漂亮但内部设施陈旧。墙上挂着69位教师的简介，只有一位高级教师。那天学校正好开家长会，他们在这里采访了学校领导、老师、家长和学生，收获颇丰。在这次调查中，他们感觉到家长把教育的希望完全寄托在老师身上，而棍棒教育依然是家庭教育的"主旋律"。

11月27日，他们按计划瞒过老师再次到果落村以及茅草村励志小学进行采访。因为要跑几个村子，他们决定骑车走访。这次行动他们不仅带了调查问卷，还带了

吴辉华在花溪六中四年级发放调查问卷

一叠家庭教育资料。他们把《世界上最伟大的教育法则》印了四份，每三章装订一小册，一共装订了40册，分发给果落村的村民。何育林还给村民讲了"南风效应"的故事，告诉村民，除了棍棒教育，还有更好的方法来教育孩子。有些村民很认真地拿起来就看，有些村民却接过就丢在一边。回来后他们把心里的失落告诉老师，老师鼓励他们说这次做得很好，哪怕只影响到一个家长，他们的这次行动就是有意义的。

三次现场调查和采访，积累了大量的资料，这时候他们才意识到，对资料的分析总结，是一项比现场调查要艰巨得多的工作。他们分工合作，最辛苦的是吴辉华，由于对电脑不熟练，他手写了全部的统计结果。组员们都说：每次看到吴辉华写得很

果落村大部分孩子在这里上学——茅草村励志小学，学校连乒乓球桌都没有，所以孩子们跟一棵树玩儿得不亦乐乎。

投入，就深深被他认真且能吃苦的精神所感动。吴辉华的认真，加上何育林独特的视角，使得他们对每一份问卷的分析都很透彻、深入。

问卷统计与分析~

然而，当问卷统计告一段落时，他们发现统计结果没有区分学生的年龄段和年级。贪玩的金志中，这个时候却异样地执着，他说如果不分年级统计，我们原来的分年级调查就失去了意义，也不能准确地反映各年级学生的情况。

最终，他们达成了共识，又重新按学生的年龄段和年级进行统计。面对666份问卷，他们没有迟疑，也没有相互抱怨，一次又一次地重复翻阅，最后，逐渐找到了规律，他们将问卷中发现的问题归类整理，并绘制出大量数据图表，通过认真的分析做出了结论。下面摘引一段他们调查报告中

的原文：

"果落村的孩子上学难。难者，在于村里现在没有学校。2005年果落村小学撤并到茅草村小学。如今，果落村147个在校学生，分别在距本村近4公里的茅草村励志小学和距本村5公里左右的花溪六中（有小学、初中、高中）就读。低年级的小孩子要走1个多小时才能到学校，孩子和家长一般在早晨5点多起床，才能保证在8点按时到校。到茅草村小学上学的学生多半抄近路，走小道。家长都认为这么小的孩子太早上学不安全，所以经常要去接送，而每天耗时这么多接送孩子，就干不了多少农活。碰到下雨天，路面泥泞不好走，路两旁的杂草树枝也会打湿衣服，有些孩子便不去上学了；坚持去上学的孩子都是一双脚泡在泥水浸透的鞋子里，忍受着寒冷听课。在天无三日晴的贵州，这样的情况是家常便饭。所以，在我们采访时，村民和学生强烈要求我们代为向上反映，恢复果落村小学，解决本村孩子上学不便的问题。

从果落村到茅草村励志小学的路，
窄窄的，铺了很薄一层水泥，已经损坏得差不多了。

家长文化水平不高，而且严重忽视教育技能的学习。家长们普遍认为教育孩子就是老师的事。其实他们没有静下心来想，种树种花都要学习种植技术，养育一个孩子，怎么能不学习育人技术呢？……"

那么，果落村小学到底该不该恢复？他们经过反复研讨后，还是觉得自己的调查不够严谨，于是重新设计了一份李克特量表，再度踏上果落村的那条黄泥路，对果落村小学、茅草村励志小学、花溪六中的教学设施、师资水平、管理水平等做了全方位的比较。最后的结论是，恢复果落村小

学只有一个好处：上学近！因此，为改善果落村孩子的教育问题，项目组在结题报告中针对性地提出了五条措施和建议，其中重点就是修好上学路。这五条建议是：

1. 关于果落村小学的问题，复校不如修路，建议重新修建果落村的上学路。

2. 关于提升果落村家长的教育能力问题，建议创办家长学校，并送书下乡。

3. 关于留守儿童的心理教育问题，建议在花溪六中和茅草村小学成立留守儿童关爱中心。

4. 完善教育设施，加强远程教育。

5. 加强对教师的培训，改善教师待遇和生活环境，以稳定农村师资队伍。

这些建议字字千金，如家长必须接受教育技能学习这条，他们还是查了《未成年人保护法》才知道的，估计很多老师和成年人都不知道这一点吧！

那一季，秋日骄阳下的果落村，平添了一些别样的悸动。

果落春晓——去年春天的承诺，今年春天的彩虹

当项目组的同学们以为课题研究已经告一段落的时候，他们所在的贵阳市民族中学成为中学生领导力培养的实验学校，并开设了中学生领导力开发的课程。作为领导力开发课程班的学生，第一次培训课就让他们意识到，自己的工作还没有做完。领导力开发课程有别于平常综合实践活动，其特点在于：将方案付诸于行动。金志中果断提出要给花溪区和贵阳市的教育局局长写信，把调查报告的分析结果和建议方案呈递给教育主管部门。刚开始，王老师有点担心，她怕教育局不回应会打击孩子们的积极性。但她也深知，勇于承担社会责任是一种珍贵的品质，她若不支持，孩子们那刚萌芽的社会担当意识就会被她掐灭。她肯定了学生的决定，以尽自己呵护的本分，但并没指望别人也能如她一样来呵护这份少年情怀。

但这次，王老师错了。2011年2月12日，正是正月初十，新年的喜气还在家家户户洋溢着，金志中意外地接到了花溪区教育局局长周进亲自打来的电话，周局长说想尽快见见项目组的同学。那天，组员们兴奋得睡不着觉，但是因为何育林在北京陪伴做手术的妈妈，吴辉华在都匀乡下过年，周局长最后决定开学后到学校现场办公。

3月2日，正是春晓花溪岸、杨柳绽新枝的时候，周局长带领班子成员一行七人来到了花溪河畔的贵阳市民族中学。他感慨地说，看到这封信时，有三大震惊。

第一大震惊：他没有想到，几名中学生对中国农村教育现状有这样深的认知。中国的农村教育现状是当今的热点话题，然而很多人都只是纸上谈兵。而我们的几名中学生，确实发现了问题，并且亲自下

2011年3月2日，魏林（女）校长迎接教育局领导。

农村去做调查，从中可以看出他们对农村教育的关心程度和脚踏实地的研究态度。对于一个教育管理工作者来说，他觉得很欣慰，也很骄傲。

第二大震惊：做这个课题的学生都是来自贵阳市民族中学。周局长现任花溪区教育局局长，兼任清华中学校长。对于有着80年历史的名校清华中学来说，清华的文化底蕴远远高于贵阳其他学校，清华中学的学生素质与教育质量是贵阳其他任何一所学校都比不上的。能把一个课题做得如此出色的竟是贵阳民族中学的几个学生，这让他感到很意外。基于他对"清华"的了解，这样的一个课题恐怕他的学生都做不下来，可见对于清华中学来说，必须加强社会实践这一块的教学工作。

第三大震惊：信的内容让他感到很吃惊。他不了解果落村小学撤并以

后，村里孩子上学如此艰难，他觉得惭愧。对于学生们信中谈到的果落村教育的五大现状和建议，周局长逐一予以答复，并且当场承诺，一定尽最大的努力协调各部门修好果落村孩子们的上学路，而且会排查其他村子，看是不是也有类似的情况。

局长的承诺让三个大孩子异常欣喜，敏锐的记者们捕捉到了信息。2011年3月20日，《贵州都市报》

花溪区教育局周局长来学校和项目组同学座谈

以《不看不知道，创意真奇妙 —— 一封信改变一所学校》为题报道了这一事件；2011年6月30日，《贵州都市报》D8-9版以《盛放的民族教育之花：中学生领导力和科技创新的两面旗帜》为题介绍了果落村课题项目在领导力开发课程中取得的成就。

一时间，果落村项目成为民族中学学生的课余话题，金志中、吴辉华、何育林也让老师们刮目相看。

然而，这却给了金志

中莫大的压力，万一路没有修成，那岂不是忽悠了果落村的村民和孩子？老师安慰他，走到这一步，你们已经做得很棒，你们的建议引起了政府的重视，这本身就已经是关注社会的成功尝试。

于是，何育林去了上海，金志中和吴辉华全身心地回到了课堂，他们以为这一场青春少年梦就此画上了一个完美的句号。

但在又一个金秋到来的时候，意外的惊喜接踵而至。2011年8月，果

落村修路工程启动。2011 年 9 月底，村内的路面全部铺上了水泥，通往花溪六中的大路修好了，通往茅草村励志小学的路段也将水泥铺到了村外田间，接上了原来那条窄窄的水泥路。

原来，周局长协调了相关部门，果落村的修路工程进入 2011 年的政府计划。现在果落村的路还在继续修，看架势是要把果落村通往每个村子的路都修成通途。

从果落村到花溪六中上学的孩子都要走这条路，下雨的时候，去茅草村上学的孩子因小路不好走，也会选择走这条路，但同样会是一脚泥一脚水，现在可以干干净净上学了。

这一次，《黔中早报》率先报道了学生推动果落村修路这件事。于是，2012 年 4 月，又一次春晓花溪杨柳岸的时候，笔者也亲自走访了果落村。年仅 8 岁的李扬告诉大家："以前上学读书要走差不多一个小时的山路，路上满是乱石泥土，特别是在下雨的时候，只能忍受着冻僵的脚在教室里听课。而现在鞋子可以干干净净的，还能节约 30 多分钟……"小孩子单纯的言语中透露出难以掩盖的兴奋。李扬还有一个可爱的奶奶，奶奶看上去已年近 80 岁了，头发稀白，岁月在她脸上刻下的纹路告诉我们这是一个饱经沧桑的农妇。她坐在一张横椅上，一直对着我们微笑，露出稀落的几颗牙。当我

们提及采访内容主要是关于那条新修的路时，老人更是合不拢嘴，口齿不清地说着："党的政策好……现在方便多了……"从李扬家出来，我可以感受到：仅仅是一条路，在无形中却将他们与幸福的距离拉近了。

杨村长的陈述更饱含对村里孩子的关爱：

"这条进村的路原来是简陋原始的泥巴路，在遇上大雨时，路面就十分泥泞难走了，有一次我自己也险些跌倒。这条路是去年9月修成的，给果落村带来了不少好处，孩子们上学不再是一个个泥娃娃了，村子里的交通也方便了不少，真的带来了不少的好处……"

2012年4月12日，采访杨村长。

果落梦回——在青春的梦想里成长

一段故事记载着一个人的蜕变过程，而这个故事的终结，意味着人生新的起点。

在中国现行的教育体制下，每一个学生似乎都会成为"考试的机器"，每一个人似乎都只有一种选择：学习，考试，赚钱，买房，买车，养老。每个人的生活似乎都一样，没有一丁点儿新鲜感。在这样的生活方式下，

由于忙碌，人们往往会忘记自己喜欢的是什么，想要的是什么。

然而，花香氤氲的果落村，给了项目组成员全新的感受，他们从这里真正开始成长。

何育林或许是最早学会担当和坚持的人。在项目进行到关键的总结阶段时，他的母亲患上了癌症，但他没有停下来，不管老师如何催促，他仍然坚持做完问卷分析，整理好他拍摄的所有图片、视频，才匆匆赶往医院陪伴母亲。采访他的时候，他说，在这次项目研究中最大的收获是找到了自信。在项目完成之后的那个春天，他毅然选择了离开学校，走自己的路。他没有选择父亲的公司而是独自到上海打拼，他的言谈中所透露出的那种成熟与稳重，和他留下的那些图片与视频，让我们在不停地想象那个全新的他——青春、汗水、异乡，开启新征程的追梦人。

金志中在这次做项目的过程中最大的收获，是学会了自我管理。他说最讨厌做的事就是写心得和整理文字，但是这一次他不得不强迫自己去整理那些大段大段的文字，这也使他发现，其实做事的心态是最重要的。那次和小学生一起体验从果落村走到茅草村的艰难时，那条泥泞的路和小孩子们无助的眼神，让他总想为果落村做点什么。正是这样的信念支撑着他不仅完成了枯燥的数据统计、文字分析，更触动他下决心给教育局局长写信。于是他们纯白的青春记忆里，便有了不同于其他同龄人的一抹鲜亮。金志中也学会了用目标来驾驭自己，为梦想努力。

而吴辉华最深刻的感受，是如何平衡各方面的压力。他是班长，要做好班里的日常工作，要保持学习成绩的优异，要做项目，更要协调好项目组成员和老师的关系。有一次他们要用晚自习赶写调查报告，英语老师就曾问他们："高考也考课题研究吗？"类似的尴尬不止一次，所以他们只能利用中午和晚饭后上自习前这两段少得可怜的时间来做项目研究。周末组织外出也很难协调，金志中要补数学和英语，何育林在学大提琴。他感

到欣慰的是，这一切他都 hold 住了，而且也感到了自身的变化，他不再那么内敛，不再是那个不善于表达的孩子。想做的梦，不怕被别人看见。"通过参加这次项目活动，我们懂得了如何与人交流、沟通，懂得了什么叫作坚持，懂得了什么叫作团结协作，懂得了什么叫作严谨，什么才是踏实，当然，也懂得了什么叫作感恩。"这是吴辉华、金志中、何育林的共同感受。

那么，校长魏林又是什么样的感受呢？4 月 17 日，一个平静的午后，笔者采访了魏校长。微微的阳光透过窗户，魏校长的微笑在光影里显得很温暖。我们问了一个自己十分关心的问题："学生参加社会实践活动会影响学习，校长您对果落村的项目研究持什么样的态度？"

她笑着说："表面上看，参加社会实践活动占用了时间，但我认为利大于弊。参加社会实践活动，可以让你们明确学习的目的，也增强了分析和判断能力，增强了个人参与社会的能力，这是真正服务于学生的成长和发展的。就拿这次项目组的成员金志中同学来说吧，他参加了社会实践活动后，对未来有了新的理解，自信心也增长了。所以，一个好的体验可以给一个人带来很大的影响！项目组的同学通过这次活动，似乎一下成长了许多，与他们的交谈中，我深深地感受到了他们身上的那一份成熟与稳重。我根本没想到他们会针对果落村里孩子上学难的问题写信给教育局局长，从他们这一举动，才发现他们不是为了做项目而做项目，而是真心地想帮助村里的孩子解决问题。他们的举动践行了领导力课程的精髓——与其坐而论，不如起而行。将梦想付诸于实践，这就是行动力，领导力。"

后　记

是的，将梦想付诸于实践！

作为刚进民族中学的高一学生，笔者能强烈地感受到梦想与实践的结合，铸就了朝气蓬勃的民中新气象。笔者曾经采访了不少高二和高一的同学，2011年到北京参加过领导力大赛的梁思琦说，果落村这个项目产生的社会影响，激励了他们投入到垃圾分类的课题中，并在第二届领导力大赛中取得了优异的成绩。老师们对学生参与社会实践的态度也来了个180度的转变。原来民中只有个别老师在指导学生的活动课，今年承担学生领导力课程的指导老师增加到30多个，吴少芬老师就是其中之一。原来，吴老师认为，只有考试考得好，才是真本事。但是，通过领导力课程开发的推进，她深刻体会到社会实践能力对一个学生成长的重要性。于是，她也积极投入到课程指导中。现在她对领导力课程有了新的看法，她说："一个真正有能力的学生，不仅可以参与社会实践，而且能够规划时间，平衡学业和实践活动，这更是一种能力。"其他老师们也都深入到学生中间参与学生的实践活动，绝大多数班主任都真诚热情地和学生们一起行动起来了。

梦想照进现实，就是这样温暖。

不管社会怎样变化，坚持自己追梦的脚步，让那份年少的激情带给我们成熟的羽翼，将来我们才可以飞翔。

他们的努力与付出没有白费，现在果落村的孩子有了一条宽敞、干净的水泥路。想象着身着五彩衣的小孩子们在水泥路上飞奔，便如一条流动的虹，连接起了果落村的今天与未来。

曾有人问：梦和现实有什么区别？

有人说：梦是虚幻缥缈的，而现实却是真正存在的。

我说：梦与现实没有任何区别，只是在于去不去做。

"想做的梦，从不怕别人看见，我就站在世界中间"。是啊，我们始终相信，实现梦想其实很简单。

三个大男生，用自己一颗充满"爱"的心，去感动他人，让这个社会和他们一起行动起来，去关注农村孩子的教育现状。也正是因为这些，他们成长了，不再稚嫩。

每个人，都有自己的梦，或伟大，或高尚，或渺小，或简单。然而我们不能只做一个有梦的人，我们要用自己的行动，像他们一样，去实现自己的梦。

似水的流年，奔腾不息。

再回首，

青春中，汗水与欢乐，

从此，

生活不再一成不变，

一切只因为我们有梦，

有一颗炽热的心。

项目组成员：金志中　吴辉华　何育林

指 导 教 师：王义兰

采 访 人：魏　珂　朱　涛　文梦蝶　金贵健

撰 稿 人：魏　珂　朱　涛　文梦蝶　金贵健

附录1：

给教育局局长的一封信

敬爱的教育局局长：

您好！

感谢您在百忙之中抽空阅读这封信。我是贵阳市民族中学高二年级的一名在校学生，我们组织了一个研究性学习小组，因为我们都生在农村，对农村教育问题十分关注，所以针对花溪区果落村的教育问题进行了调查研究。在调查过程中发现的好多问题，都让我们忧心忡忡，于是不揣冒昧地，想把我们在研究课题的过程中看到的、想到的，向教育主管部门反映。如果有一段文字，或者哪怕仅仅是一句话，能够对你们有所帮助，那么，我们对农村教育的深切关注，会变得更有意义。

果落村的情况，应该是折射了贵阳市农村教育的总体情况的。从我们到花溪区党武乡果落村调查的结果来看，在教育方面存在下列问题：

1. 果落村的孩子上学难。难者，在于村里现在没有学校。2005年果落村小学撤并到茅草村小学，如今147个在校学生，分别在距本村近4公里的茅草村励志小学和距本村5公里左右的花溪六中（有小学、初中、高中）就读。孩子和家长一般在早晨5点起床，才能保证在8点按时到校。家长都认为太早上学不安全，经常要去送孩子，碰到天气不好，路不好走，有些孩子便不去上学了。所以，在我们采访时，村民和学生强烈要求我们代为向上反映，恢复果落村小学，解决本村孩子上学不便的问题。

2. 家长教育水平不高，而且严重忽视教育技能的学习。家长们普遍认为，既然孩子上学，那教育孩子就是老师的事，家长不需要关心。一方面，主观上不重视，很少有家长想过，作为一个成年人，要去学习培养下一代的知识。其实他们没有静下心来想，种树种花都要学习种植技术，养育一个孩子，怎么能不学习育人技术呢？另一方面，也没有人系统地、有目的地为农民做教育知识的培训，他们也不知道从何学起。

3. 留守儿童多。我们还发现村里年轻的成年劳动力基本在外打工，村里只有他们的父母与子女，这样造成了村里大批留守儿童的出现。我们发放调查问卷时，大多数孩子都是爷爷奶奶带着，还有的是兄弟姐妹一起留守家园。这些留守儿童没有得到父母的管理和监督，不仅不能认真专心地学习，还要干相当重的农活。缺少关爱会造成情感饥饿，有些儿童就可能受到一些不良的社会影响，这将使教育问题发展成严重的社会问题。

4. 师资力量有待调整，教师专业水平急需提升。茅草村小学和花溪六中的师资力量，相较前几年有改善，但问题依然严重。花溪六中有67位教师，却只有一位高级教师；不论是茅草村小学还是花溪六中，教师队伍都有老龄化的趋势，英语、语文、数学、体育、音乐、美术等学科都欠缺专业教师。老师们抱怨学校很少组织有效的培训，课改只是摸着石头过河，很少有机会直接和先进地区交流，这就造成了教学上的闭门造车，难以进步。此外，我们发现教师工资问题已经退居次要地位，农村生活环境差，才是教师队伍不稳定的主因。

5. 教学设备不完善，教学设施差。花溪六中是小学初中高中都有的全日制学校，我们了解到那里的设施很不齐全，多媒体总共两台，老师要用得排队，而且设备陈旧。我们学校派去支教的郭婷老师说，他们的多媒体设备比我们学校淘汰的还要老，所以学生几乎没接触过多媒体。图书馆书籍很少，而且长期不开放，以致于在填写问卷时出现了戏剧性的一幕，一部分学生填有图书馆，一部分学生填没有。那个可怜的图书室，被可怜的孩子们遗忘了。

花溪六中如此，茅草村小学的条件就更差，两栋两层的教学楼设施简陋，别说计算机，连个乒乓球台也没有，篮球场虽有一个，两个篮板却已是破烂不堪。唯一的亮点是一块很长的黑板，上面全是学生们的黑板画和作文。教室旁边的一棵大树，见证着学生们的风雨上学路。

总体来说，果落村村民和学生最热切的希望是把撤并的小学重新恢复，至于村里在教育方面存在的其他问题，如教育设施、教学水平、教育方法、

教育前景等，大多数村民都没有什么想法，这种麻木和集体无意识，让我们深感痛心。

我们课题小组针对这些问题，通过查阅大量资料，小组反复讨论，提出了下列建议，如果教育主管部门能够出面解决这些问题，将是果落村村民之福，也是对我们的极大鼓励：

一、关于果落村小学的恢复问题

第一次调查果落村时，一个拥有147名学生的村子却没有一所学校，但走访该村学生集中上学的花溪六中和茅草村小学后，我们理解了上级部门撤并学校也在情理之中。

接着我们从果落村抄近路走到了茅草村，这条路走下来，应该只需20分钟左右，但是路况很差，山路满布石头，大约只有30厘米宽（这是原信内容，但后来经证实，这段30厘米宽的路是小孩子们带课题组成员抄的近道，实际有一条大约60厘米宽的薄胎水泥路，不过路程却比现在学生们走的那条路长了一半还多）。

所以，我们建议教育部门、果落村、茅草村、党武乡联合修好这条路，既解决学生上学难的问题，又可促进两村的交流。从村长那里我们了解到，果落村周围正在开发辣椒种植基地，这条路若能建成，将是一举两得的事。或者在果落村修建一所1—3年级的学校，毕竟孩子还小，上学就方便了，而且用不了多少老师，也能为家长省去些麻烦。

二、关于提升果落村家长的教育能力的问题

建议开办家长学校，送书下乡。教育部门以学校为依托，组织优秀教师和优秀家长，或聘请专家，举办家教讲座，师资方面可以请求城区学校友情支持。这样，家长会就不再是告状会，而是学习和互动会。

果落村的家长学历不高，但大多数还是有阅读能力的，他们也想通过学习教育孩子，但不知道该看一些什么样的书。我们上网查阅了一些资料，为家长们开出下列书单：

《世界最伟大的教育法则》（中国　贾黛翃）

《好妈妈胜过好老师》(中国　尹建莉)

《孩子，请把你的手给我》(美国　海姆·G.吉诺特)

但是，很多家长半辈子都没有进过书店，买书对于他们来说，是一笔舍不得的支出。建议教育部门发动城区师生和家长，为农村的学生家长买一本书。

三、关于留守儿童的教育问题

依据《未成年人保护法》，父母必须承担教子而不仅仅是养子的责任，父母至少应有一方留守家中，既可教育孩子，也能照顾家园；地方政府为村民在家乡创造更多的就业机会，要求用工单位优先解决学龄儿童家长的就近就业问题。

建议花溪六中和茅草村小学成立留守儿童关爱中心，将留守儿童的教育问题上升到教育的战略性高度。

四、完善教学设施，加强远程教育

首先提请贵阳市教育部门对农村中小学的教育设施进行全方位调查，从实验设备、图书馆、阅览室，到计算机房、多媒体教室、网络设施，尤其要注意对设备设施质量的调查。然后划拨专项资金，改善农村中小学的教学设施。义务教育法和贵阳市的教育规划中，都强调了在经费上对农村教育的倾斜，可是我们看到的，却是城区中学动辄上千万、上亿的资金，农村中学却望穿秋水也难盼到更新一个实验室的资金。我们民族中学的改建资金，也许可以为整个贵阳市的农村教育设施更新买单。

建议教育局和贵州电视台联系，落实教育频道、科技频道的覆盖面；有计划地创造条件建立数字化远程教育网络，作为解决农村教育的重要手段。这是一个可以实现的理想，只要你们愿意，只要你们努力。

其次是建立一支稳定的农村教师队伍。学习日本的工作分派体制(就业服务制度)，对那些完成学业后想参加工作的学生进行就业指导，向用人单位推荐优秀的毕业生到农村工作，提供优惠政策和专项资金，为大学生到农村从教敞开一条绿色通道；与其他城区学校结对帮扶，并将帮扶落到

7. 您认为父母的文化水平和教育能力对孩子的影响大吗?

　　□毫无影响　□有一定的影响　□有很大影响

8. 如果举办针对成年农民的文化教育之类的培训班,您会去听课吗?

　　□肯定会　□有时间会　□一定不会　□看老师讲得好不好

9. 如果举办成年农民的继续教育学习班,您希望听到哪些内容?

　　□农牧业生产技术　□教育孩子的方法　□电脑网络知识

　　□法律知识　□健康卫生等生活常识　□打工前的培训

　　□其他_____

10. 您需要有人指导您怎么教育孩子吗?

　　□需要　□不需要

11. 您在家中是怎样帮助孩子学习的?

　　□耐心指导　□只是监督　□让孩子自己学习　□从来没有

12. 您对孩子的学习成绩的要求是:

　　□很好　□中等　□随便

13. 您认为家里活计重要还是孩子学习重要?

　　□活计　□学习

14. 您支持孩子在应该读书的年龄外出谋生吗?

　　□支持　□不支持

15. 如果您的孩子成绩优秀,而家里钱不够,您会怎么办?

　　□借款贷款　□变卖东西　□让他(她)退学

16. 据您了解,您孩子所在学校乱收费现象:

　　□十分严重　□有,但不多　□从来没有

17. 您对自己孩子的老师整体教学水平如何评价?

　　□高　□普通　□低

18. 学校是否召开过家长会?

　　□是　□否

19. 老师是否与家长对孩子的教育问题进行过交流?

　　□是　　□否

20. 您是否想与老师沟通探讨孩子的教育问题?

　　□是　　□否

21. 您对学校有什么看法? 为什么?

22. 现阶段您对农村教育有什么看法?

　　感谢您的支持!

　　愿您生活幸福, 心想事成!

贵阳市民族中学高二年级课题小组

2010 年　　月　　日

附录3：

贵阳市花溪区农村教育调查问卷（学生卷）

您好！我们想向您了解一下花溪区农村教育的情况，谢谢您的合作！

您的年龄____岁　　　您就读的学校_____（可不填）

您就读的年级：□小学　□初中　□高中

1. 您是住校还是走读? □住校　□走读（走读请回答下一题）

　　您一般在早晨__点起床，要___个小时左右到学校，下午____点回到家。

2. 家长对您上学是否表示支持?

　　□支持　□不支持

3. 在校期间是否逃课? □是（选是的回答下面问题）　□否

　　为什么逃课？（多选）

　　□对课程不感兴趣　□与同学老师出现矛盾

　　□贪玩　□听不懂课　□其他_____

4. 您有过一周以上不去学校的经历吗?

　　□有（选有的回答下面问题）□没有

　　为什么这么长时间不上课？

　　□家庭经济困难　□读书无用　□被迫退学

　　□听不懂　□生病　□忙农活　□家中有事

5. 您对学习的感觉是:

　　□有兴趣　□比较有兴趣　□无所谓

　　□感到很枯燥　□不得不

6. 您主要的学习方式是:

　　□听老师讲课　□自习和做作业　□与同学讨论交流　□其他_____

7. 对于课堂作业您一般是:

　　□独立完成　□参考同学　□抄袭别人　□不交

8. 在学习生活中，您感到最苦恼的问题为（多选）：

　　□学习压力大　□经济困难　□学校办学条件差

　　□人际关系紧张　□对学习没有兴趣　□家庭问题

　　□周围人对读书的不理解　□其他_____

9. 学校管理严格与否？

　　□很严格　□一般　□管理松散

10. 为丰富学生的课余生活，学校经常组织集体活动吗？

　　□从不举行　□偶尔　□经常

11. 您所在的学校有计算机教室吗？

　　□有　□没有

12. 老师经常使用计算机上课吗？

　　□经常使用　□很少使用　□从来不用

13. 从整体上看，您觉得您所在学校用于教学或辅助教学的设施器材处于什么样的状态？

　　□严重缺乏　□将就着用　□比较丰富　□丰富多样

14. 学校是否有图书馆？

　　□是（选是回答以下两小题）　□否

　　1）图书馆资料书籍是否丰富？　□是　□否

　　2）图书馆对学生开放吗？　□是　□否

15. 学校开设了下列哪些课程？（多选）

　　□语文　□数学　□计算机　□英语　□美术

　　□音乐　□体育　□思想品德　□其他_____

16. 您对您的所有任课老师：

　　□都满意　□大多满意　□个别满意　□都不满意

17. 您认为您的老师怎么样？

　　□敬业　□有爱心　□专业知识扎实　□教学水平高　□为人好

　　□责任心不强　□对学生冷漠　□专业知识有欠缺

□教学水平不高　□不理解学生　□不安心教书

18.您希望学校、老师、家长和教育主管部门为您做些什么?

感谢您的支持!

愿您生活幸福，心想事成!

贵阳市民族中学高二年级课题小组

2010 年　月　日

附录 4:

贵阳市花溪区农村教育调查问卷（教师卷）

您好！我们想向您了解一下花溪区农村教育的情况，谢谢您的合作！

您的年龄：□ 20—30 岁　□ 30—40 岁　□ 40—50 岁　□ 50 岁以上

您的性别：□男　　□女

1. 您认为学生的学习热情如何？

□好　□一般　□差

2. 您对于学生休学外出工作有什么看法？

□支持　□反对

3. 家长是否支持您的教学工作？

□支持　□不支持

4. 您感觉农村教育欠缺什么？

□经费　□好老师　□学生的意愿

□家长支持　□教育后续工作（如升学、就业指导等）

5. 从整体上看，您学校的教学环境有没有因"普九"政策而有所改观？

□有　□没有

6. 国家进行九年义务教育后，上学的学生人数有何变化？

□增多　□差不多　□减少

7. 您上课的班级学生人数稳定吗？

□稳定（至第 9 题）　□不稳定（至第 8 题）

8. 您上课的班级人数不稳定的原因是什么？

□学生退（休）学　□学生转学　□学生违纪离校　□学生留级

9. 您教过的孩子基本能够初中毕业吗？

□能（跳至第 11 题）　□不能（至第 10 题）

10. 您认为孩子们不能初中毕业的原因有：

□学生基础差　□学校排斥差生　□学校经费困难

□学生家庭经济困难　□社会风气诱惑　□其他_____

11. 您认为城区教师支教的效果:

　　□很好　□一般　□不好

12. 如果有机会调到城镇中学,您会选择:

　　□留下(跳至 14 题)　□调走(回答 13 题)

13. 您想调走的原因是:

　　□工资比城区低　□居住环境不好　□随大流

　　□农村生活设施差　□个人发展前景受限制　□学生基础不好

　　□其他_____

14. 如果让您到农村从教,您能坚持的时间是:

　　□1 年以内　□1—3 年　□3—5 年　□5—10 年　□10 年以上

15. 您学校一共有__ 个教师,正式编制有__ 个,代课编制有__ 个。

　　大学毕业招考的有__ 个,中师毕业的有__ 个,民办转正的有__ 个。

16. 您有没有参加过教育行政部门组织的培训?

　　□是(参加过请回答 17 题)　□否(未参加者跳至 18 题)

17. 您觉得教育部门组织的培训收获大吗?

　　□收获很大　□没有收获　□有一点　□流于形式

18. 您是怎样看待农村教师的专业发展的:(本题为多项选择)

　　□教师就应不断学习,实现专业发展

　　□农村条件有限,很难实现专业发展

　　□农村不重视教育,发展不发展无所谓

　　□反正也不会下岗,工作干得凑合就行

　　□农村学生基础差,没有什么发展也能应付

19. 学校有多媒体设备吗?

　　□有(回答下面问题)　□无(跳至 20 题)

　　1)学校设备怎么样?

　　□比较完善　□非常完善　□较少　□很少

2）您是否学过电脑?

□是 □否

3）学生是否接触过电脑?

□是 □否

20. 学校有图书室和阅览室吗?

□有（回答下列小题） □没有（跳至 21 题）

您认为图书资料:

□能充分满足需要 □基本满足需要 □不能满足需要

21. 您对当前农村教育有什么看法和建议?

感谢您的支持!

愿您生活幸福,心想事成!

贵阳市民族中学高二年级课题小组

2010 年 月 日

行动的力量
XINGDONGDELILIANG

附录5：

花溪六中、茅草村励志小学、果落村小学
补充调查问卷

    李克特量表式问卷一共发放30份，回收24份有效卷，其中只有6份回答了有关花溪六中的问题，24份问卷都回答了有关励志小学和果落村小学的问题。问卷统计如下，依据李克特量表的分值来计算，完全同意者计5分，然后依次递减为4、3、2、1，我们将每所学校的得分加起来，再除以回答该校问题的人数，得到下列结果：

	完全同意	同意	不确定	不同意	完全不同意
花溪六中的老师教学态度好		3	3		
花溪六中的老师教学水平高	3	3			
花溪六中的教学管理好	3	3			
花溪六中的教学设施完善	3		3		
花溪六中的学习气氛好	3		3		
你喜欢花溪六中	3	3			
励志小学的老师教学态度好	4	18	2		
励志小学的老师教学水平高	4	10	6	4	
励志小学的教学管理好	2	18	2	2	
励志小学的教学设施完善	4	8	6	6	
励志小学的学习气氛好	2	16	4	2	
你喜欢励志小学	10	14			
果落村的老师教学态度好	6	16	2		
果落村的老师教学水平高	2	12	4	6	
果落村的教学管理好	2	16	2	4	
果落村的教学设施完善		10	4	8	2
果落村的学习气氛好	2	20	2		
你喜欢果落村小学	14	10			

穿越城市的距离

——张家港常青藤实验中学

世界是我们的课本！

知识可以从书本中获得，可以从教师的讲课中获得，但是对生活的体验和对社会的认知，以及在此基础上所形成的态度和观念，仅从课堂上是难以获得的。人生观、价值观的形成需要特殊的环境，只有置身其中，才能获得真实的体验和有益的经验。

长期以来，常青藤实验中学以多种形式的活动为载体，营造特殊的育人环境，注重在深层次的智力活动和精神活动中增强学生的合作意识和公民意识。这种体验式教育是我校课堂教育的拓展和延伸，也是学生对真实的社会生活的品尝。

领导力课程班的《改进城市公共自行车系统》项目，展示的是我校长期坚持的育人理念：把学生带到社会这个广阔的天地，使他们亲身感知真实的世界和社会，让他们从中获得服务与付出的体验，获得幸福与快乐，丰厚生命历程。

这是我们追求的真实的教育。

——江苏张家港常青藤实验中学校长　秦　力

如果曾经浑浊的尾气令你无法与蓝色幕布上的那片白云相拥，

如果曾经路上充斥着的机动车使你挤不进绿叶下的斑驳，

如果曾经拥挤的交通让你无暇流连于城市的风景……

那么你发现了么？

那橙色轻巧的公共自行车，

那楼顶上架起的彩虹，

那行人微微扬起的发梢……

城市公共自行车系统来了！

低碳世界　低碳中国

20 世纪 90 年代以来，我国城市居民家庭自行车平均拥有量达 2 辆。自行车因其便利、经济、耐用、可达性好、节能、环保等特点深受广大民众欢迎，而如今自行车交通正由个体交通向准公共交通转化，成为城市实施公交优先战略、城市交通可持续发展战略的重要政策，并由此提出了公共自行车交通系统（PBS）的概念。

在欧洲，巴黎、哥本哈根、伦敦、里昂等城市都运行了PBS。在里昂，3000 辆租赁自行车自 2005 年起已行驶了 1609 万公里，这相当于减少了汽车行驶所排放的 3000 吨二氧化碳。法国卫生部部长图雷纳说，推行自行车项目以来，里昂市的机动车流量下降了 4%。

放眼中国，自武汉市成为全国第一个设立免费公共自行车交通系统的城市以来，杭州、苏州、北京等城市相继开始建设这项工程，掀起一股公

共自行车热。PBS 作为城市交通的组成部分具有以下优势：

1. 不存在大气污染和噪音污染，可为居民和旅游者提供便捷的绿色出行方式，骑车还有助于强身健体；

2. 与公共汽车相比，自行车具有体量小、操作灵活、可达性好和投资少的特点；

3. 可作为轨道交通接驳的辅助性工具，最大限度地促进各种交通资源的合理利用；

4. 满足居民短距离出行的交通需求，便捷、高效地集散客流，提高城市交通的整体效益。

张家港市是我国首批生态文明建设试点城市，正在探索建设生态文明城市的各项课题。经张家港市综合决策、统筹规划，公共自行车将逐渐融入城市交通系统，对提倡低碳生活方式，减少机动车尾气排放，缓解城市交通拥堵，无疑是一种非常好的城市发展方案，其意义深远。综合社会、经济和环境因素，就管理、社会意识与宣传、经营与运作、技术支撑四个层面来看，张家港市具有发展公共自行车系统的深厚基础和良好的实施前景。这套系统体现了人与人、人与自然、人与社会和谐互利的宗旨，实现了市民的"绿色出行"。

公共自行车服务，他们有话说

在张家港市，我们常看到这样的情景。早上 8 点，王女士来到小区门口的公共自行车服务点，拿出手中的"诚信卡"一刷，取了车，短短 5 分钟就骑到公交站台附近的停放点。如果是步行，这段路王女士要走一刻钟。下午 2 点，会计吕先生要去银行办事。虽然银行就在三条街外，不过开车过去经常遇上堵车会耽误不少时间，最麻烦的是银行门口的停车问题。现在他骑上公共自行车，没多久就到了，而且没有停车的麻烦。晚上 6 点，吃完晚饭的李先生带着 10 岁的儿子，悠闲地踱到公共自行车停放点，每

人取出一辆自行车，开始了父子俩的晚间锻炼……这些便利，都得益于公共自行车系统的建设。

然而，市民在感受便捷的同时，也发现了一些有待改进的问题。

骑不动，怎么办：上学路上，同学们经常能看到骑着公共自行车来上班的小沈老师累得想把电脑丢掉的样子，因为她的车把上挂着一台大电脑。的确，对没有私家车的她来说，平时使用公共自行车出行最为方便，但是公共自行车的坐凳对她来说较高，车辆很重，骑了一路又累又热，又得稳住车篮里放不下的电脑，怎能不愁眉苦脸？

我的宝宝坐哪里：周末在家的丁女士准备趁着好天气带自己的孩子去公园放风筝，不想和人挤公交车，步行又太远，于是她选择骑公共自行车。但令她苦恼的是，公共自行车不带有儿童座，而孩子又太小没办法自己骑车。丁女士不禁感慨：我的宝宝坐哪里？

没车位停车干着急：张杨同学今天又迟到了。下课后他跟同学们抱怨："真是气死我了，每天早上都是现实版'抢车位'。今天早上眼睁睁看着最后一个车位被抢走了，我又没有手机打电话叫工作人员，只能干着急！果然当我等到有人取车腾出车位再跑来学校时，又迟到了……就是因为舍不得诚信分啊，明天得起早抢车位了，唉！"

……

公共自行车成了街头巷尾热议的话题，常青藤实验中学领导力课程班的成员们也感受到公共自行车有一些不便之处。为了让张家港市市民能更好地享受这一便民服务，成员们决定成立一个项目组，以"改进城市公共自行车系统"为课题进行研究。他们表示，作为当代的高中生，应该勇于承担社会责任，多关注社会问题。2010年9月，该项目正式启动，同学们走出校门开始了调查。

市民的心声　我们的行动

通过前期搜集资料大致了解公共自行车系统的情况后，课题组的成员做了详细的分工：第一组进行实地考察，在市区各个公共自行车停放点及

路上观察公共自行车的使用情况，做数量统计；第二组在人民广场、步行街和车站分发调查问卷，了解市民在这方面的态度及改进意见；最后由第三组成员进行采访和提交最终方案。组员们去市公共自行车服务中心、市城管局等部门采访，

代表市民对公共自行车的使用情况提出意见和改进方案，与相关负责人商讨解决方案的可行性并加以完善。他们还到市电视台采访，了解电视台关于公共自行车系统的宣传内容，提出对公共自行车宣传内容的修改意见和改进方案。

2010年9月，第二小组走上街头，发放调查问卷。

小组成员向步行街上过往行人、商店内服务人员、人民广场休闲的市民、车站等车的人员调查公共自行车系统的使用情况。

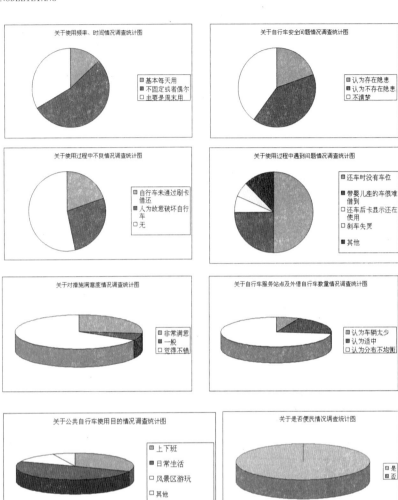

公共自行车使用情况调查统计图

　　为了更好地了解公共自行车系统的状况，解决在民意调查及采访过程中发现的问题，2011年1月，第三小组成员采访了张家港市城管局的相关负责人，希望政府部门完善城市公共自行车系统。在采访过程中，组员们向城管局反映了在调查过程中发现的几个主要问题。在了解了相关部门的态度和已采取的措施后，结合在电视台的采访情况改进了原始方案。不久后向城管局和公共自行车管理系统中心提交了改进后的方案，希望能够在公共自行车项目上作出改进。根据目前社会的反馈信息和后期跟踪调查，一些可行的措施已落到了实处，取得了良好的社会反响。

附：小组成员采访城管局负责人的内容

组员：公共自行车服务虽提供不久，车本身性能也相对良好，但毕竟整天日晒雨淋，加上某些市民对自行车不加爱护，自行车日益暴露出性能问题，例如，螺丝松动、刹车失灵等。这些看似不起眼的问题将会威胁到市民在使用过程中的行车安全，管理局将怎样处理这种情况？

负责人：本市的公共自行车是统一订购的，订购单位是上海某公司。购买时，双方达成协议，上海公司会对我市的自行车进行定期维修检查，仔细地检查其螺丝、刹车等，对于破坏或损坏到一定程度的自行车，他们也将考虑进行定期更换新车，所以市民在使用时不必担心公共自行车的安全问题。而针对市民不爱惜自行车

小组成员采访张家港市城管局的相关负责人

的问题，我们将会与电视台沟通协调，通过加强宣传来提高市民自身的素质，避免人为地、蓄意地破坏，使广大市民与我们共同维护公共自行车这项工程。除了上海公司对自行车进行定期检查外，张家港市公共自行车系统的工作人员还会及时对自行车是否归还到位、自行车破损程度等进行相关的统计和检查，以保证公共自行车的正常运行。

组员：可以为公共自行车设立专门的遮雨棚吗？这样也能更好地保护车辆。

负责人：关于自行车停放棚，在前期做这个工程时，考虑过这一措施。问题是，我市公共自行车站点颇多，若要建立停放棚，需要耗费很多的人

力物力。如果建成公交车站点那种半开放式的车棚，并不能从根本上解决公共自行车被日晒雨淋的问题；如果建成全封闭式，必然导致租借的不便，而且遮挡了沿街商铺的店面，会影响店主的利益。鉴于这些原因，停放棚的设立问题还在讨论中，并未确定。我们也希望广大市民能够给我们提出宝贵意见，我们会尽最大可能满足市民的需要。

组员：设立的公共自行车取用点常常因自行车车位数量安排不合理，出现市民取不到车，或者使用之后无处归还的问题。这一问题该如何解决？

负责人：我们已经关注到这一问题，后期工程中将进行专业的数据统计，重新调整各取用点自行车的数量。

组员：我们的建议是在人群密集的十字路口、步行街、居民集中点适当增加公共自行车的数量，而在人流相对少的地方适当减少其数量，通过增派专门的人员来管理，及时处理突发情况，以增强其设计的合理性和人性化，为市民提供便利。

负责人：这是一条不错的建议，我们会尽可能统筹安排，对细节进行完善。

组员：我们在前期调查中了解到，到目前为止，仍有大部分市民未领取到自行车取用卡，而离市民卡的发放还有一段时间，所以许多市民都无法使用公共自行车，许多公共自行车都成了摆设。请对这一问题给予回应。

负责人：之所以控制自行车取用卡的发放量，是因为目前公共自行车刚投入使用不久，仍处于考察阶段，不能一下子使市民都能使用。但是，等到专业人员对第一期工程认证后，会增大取用卡的发放量，并且安排更多的公共自行车。市民卡也将陆续发放到市民手中，届时，市民卡会具备自行车取用卡的功能。

组员：我们了解到，也有一部分市民指出，他们不愿意使用公共自行车，原因在于公共自行车使用时并不舒适，并且公共自行车对他们而言略微有些陌生。

负责人：自行车的外观和舒适度方面的问题是众口难调，我们只能尽量在使用过程中摸索，力求找到最易被市民接受的样式，尽量保证舒适。另外随着后期工程的不断完善，我们会对公共自行车加大宣传力度，倡导市民朋友多使用公共自行车等公共交通工具出行，减少污染。

组员：是否可以专门订制带有婴儿座的公共自行车，这样带儿童出门的市民也可以使用公共自行车了。

负责人：厂家内部过去也提出过婴儿座自行车的方案，但经过会议讨论否定了这一方案。婴儿座的实施虽然可以解决部分市民的困扰，方便携带儿童出门，但这部分人毕竟只占少数。在初期工程建设中，投入的资金不能够完全配合此方案的实施，即便日后要实施这条改进措施，也只能是逐步地建设。同时，自行车放在停放点，我们还要考虑是否真的是携带儿童的市民用车。如果带婴儿座的自行车被占用，一样无法达到方便带儿童市民出行的目的。

组员：对于公共自行车系统的未来发展，您有什么看法？

负责人：目前来看，本市的公共自行车共分为三期工程。第一期已经落实完成，二期计划在各居民小区和人流量大的地区新添75个服务网点、1000辆自行车、2000套锁柱。预计在二期工程完成时，我市城区的公共自行车总计达到3000辆，网点完善到150个左右，基本覆盖整个市区主次干道和居民小区。以此来逐步扩大张家港市公共自行车的规模，使公共自行车深入市民生活，满足广大市民的需求，更好地为市民服务。同时，我们还将进一步完善考核措施，加强对公共自行车生产公司的监督考核；增加办卡数量，提高公共自行车的运行效率。真正让公共自行车惠及千家万户，方便市民使用。三期工程将进行对比，不断地完善服务。

张家港电视台在公共自行车推广阶段曾向市民大力宣传如何使用公共自行车、公共自行车使用过程中容易遇到的问题、"诚信卡"的办理等相关问题。为了更好地了解这些宣传内容，从普通市民的角度去了解公共自行车，项目组第三小组同学还同电视台记者及《政风行风热线》栏目相关负责人进行了面对面的交流。在采访过程中，组员们也针对市民们关注的问题对电视台的宣传内容提出了一些建议，并且提交了对宣传内容、宣传方式、宣传时段等的改进方案（见第 104 页附表），希望借助电视台的力量，与各类媒体沟通合作，加快推进普及公共自行车的进度。

附：小组成员采访《政风行风热线》栏目记者的内容摘要（采访者简称"访"，《政风行风热线》记者简称"电"）

访：您好，我们想了解，电视台关于公共自行车的推广是怎样进行宣传的？

电：我们在张家港电视台的新闻节目中报道了这一工程的建设及运行情况，并且在不同时段滚动播放宣传短片，固定时段播放专题节目，播出的频率还是挺高的。这是我们电视媒体的宣传情况。

访：那么宣传的内容主要是什么呢？

电：我们主要是通过短片呼吁市民绿色出行、低碳生活，告诉市民们张家港推出了这样一项公共工程。在专题节目中，我们播放记者实地采访的内容，了解公共自行车的使用情况和市民的意见，由主持人介绍公共自行车的使用问题、故障处理问题、市民卡的办理和使用问题。比如在借车过程中，把车弄丢了怎么办，借车时出现语音提示

项目组成员与电视台相关负责人在一起

"交易未完成"该如何处理等等。对了，我们在采访过程中了解到市民的反响还是不错的。

访：我们注意到电视台的宣传片一直使用很久之前的同一个，并且播放的时段也不是很好，这是什么原因呢？

电：其实因为很久以前就已经开始宣传了，前期的宣传效果已经达到了，所以在后期我们没有过多地改变宣传内容。根据我们电视台的经验，

播放这样的短片不能集中在黄金时段，主要都是插播在日间电视剧的广告之间。这样的话既不过多占用黄金时间，也能让更多的市民关注到公共自行车。二、三期工程开始之后，我们会转变宣传策略，但主要还是配合政府宣传部门的计划。

访：其实我们对公共自行车的宣传问题有些自己的看法和意见，比如经常更新宣传内容，吸引市民来关注了解公共自行车的宣传，或者是改变播放的时段，您认为这些可行吗？

电：这些我们目前没有办法进行答复，但既然你们代表的是市民的意见，我们肯定会慎重考虑这个问题，在宣传方面配合公共自行车普及的步伐。

访：之后我们会向电视台提交一份调查报告，希望电视台可以考虑我们提出的意见，我们很希望得到媒体的支持，也希望能够通过电视台来沟通其他形式的媒体，让更多的人了解关注公共自行车工程，提出自己的意见和想法，让我们一起来为公共自行车工程的完善出一份力。谢谢您接受我们的采访。

电：不用谢。你们学生做这样的活动很不错，采访水平也绝对过关，表现很好。你们提出的意见，我们在能力许可范围内一定努力。

通过自己的深入调研，结合相关部门的意见和电视台工作人员的解答，项目小组成员撰写了一万多字的课题报告。为了让自己的研究成果发挥作用，他们将研究报告和改进后的方案送达到城管局、自行车管理中心和电视台。

附：采访后取得的效果

问题	建议解决措施	建议采纳情况
电视台的宣传片一直没有更换，已经不能满足现在的宣传需要。	1. 根据不同时期的自行车推广情况，经常更新宣传内容，增强宣传片的吸引力； 2. 了解市民想关注的内容、喜欢的宣传形式，安排更新。	现在电视媒体方面的宣传片已经有不同时段滚动播放的宣传短片、固定时段的专题节目等形式，并且加快了更新频率。主要是通过有创意的漫画人物故事来宣传市民关注的话题，比如市民卡接车的使用问题等等。市民可以通过拨打电视台服务中心电话来反映自己的意见。
宣传片播放的时段不是很好，间接影响了宣传片的宣传效果。	1. 在较好时段播放宣传片； 2. 在新闻节目中安排专门节目时间介绍； 3. 多采访多介绍自行车使用情况。	主要是在日间电视节目间插播，已在晚饭后的时间段加播了宣传片。新闻节目更多地关注公共自行车的情况，经常派记者实地采访。
宣传形式太过单一，单纯的电视媒体形式还不足以普及宣传。	1. 张家港的公交车配备有电视机，可将宣传片安排在循环电视节目中； 2. 通过海报、报纸的形式进行同步宣传。	二、三期工程开始之后，宣传部门转变了宣传策略，通过不同的媒介同时宣传。公交车中张贴有公共自行车的广告，并播放宣传短片。

"小荷才露尖尖角"—— 初显社会效益

经过实地考察、民意调查、分析数据以及采访相关部门后，结合实际情况，常青藤领导力课程班公共自行车改进项目小组完成了最终方案，重新反映给相关部门。相关部门一一回应了这些问题，大部分问题得到了切

实解决，公共自行车系统提高了服务水平，中学生的调研报告一定程度上发挥了作用。

附：成果简表

问题	建议解决措施	已经沟通过的部门	建议采纳情况
后座缺儿童座，携带小孩不方便；携带过多物品时不方便。	1.后期工程中每个站点放置适量有婴儿座的自行车； 2.加大车篮，或是在自行车后多加一个放物品的装置； 3.在停车点设置信箱、开设服务热线电话，及时调查民意，了解市民的需求。	已向市城管局反映这一问题；已致电公共自行车购进公司，提出我们对自行车婴儿座以及车篮大小整改的想法。	目前张家港市所用的公共自行车还没有带有婴儿座的，但是已将这一意见反馈给上海公司，管理部门也表示将在后期工程中考虑此方案；同时，二期工程已投入了一批大号车篮的自行车，市民反映良好。
公共自行车露天放置，容易老旧、脏污、损坏。	1.专人定期清洗擦拭； 2.专人定期维修检查并定期更换新车； 3.加大宣传，由市民和相关部门共同维护。	市公共自行车系统、市环卫局。	目前，公共自行车已有专门人员定期擦拭和检查维修；电视台宣传内容中涉及宣传保护自行车方面的内容。
自行车易损坏，如自行车掉链、刹车失灵、自行车生锈等，可能带来安全隐患。	1.缩短对自行车定期检查的时间间隔； 2.设置遮雨棚（可向市民征求设计意见），延长自行车使用周期； 3.加强城管、交警在停车点的巡查力度，及时反映自行车损坏情况。	张家港市环卫局、张家港市电视台工作人员以及张家港市日报社记者。	安排了工作人员，加强对自行车使用情况的实时统计和检查；考虑到各方面原因，设置遮雨棚这一问题尚未得到切实的解决；张家港公共自行车提供了保险公司的商业意外保险，市民发生意外后将享受意外伤害保险的理赔。

续表

公共自行车数量安排不合理，出现借车、还车难问题。	1. 增加调整各个网点自行车数的次数； 2. 二期工程中科学规划，在人流量大的停放点增设自行车车位，方便人们的使用； 3. 开设热线电话反映民意，集中处理问题。	成员们咨询了张家港市城管局的调度人员以及张家港市城管局网点规划部门工作人员。	二期工程已运用科学统计方法，重新调整各取用点自行车数量；取用点信息通过网络及时反馈、及时调整，服务网点接到的市民投诉电话也在减少。
部分市民未领取到自行车取用卡和市民卡。	1. 放宽对自行车取用人群的限制； 2. 加紧分发市民卡，与社区、事业单位等联合，提高分发速度。	已与张家港市民服务大厅公共自行车专项负责部门和市民卡专项负责部门沟通。	各企事业单位陆续加快员工的市民卡办理速度，逐步发放更多市民卡，社区中也可集中处理市民卡办理问题，并通过电视媒体宣传告知市民如何开通市民卡借车功能。
借还系统出现故障，如显示"交易未完成""刷卡无效"等等。	1. 对借还系统及时进行更新升级与检测； 2. 加强宣传力度，提高市民素质，坚决打击故意破坏自行车借还系统设施的违法行为。	成员咨询了张家港市城管局，致电上海的公共自行车生产公司进行咨询。	自行车系统设置了客服电话58688992，早8点至晚10点工作人员会在20分钟内到达对应地点进行处理；持卡人可以将卡送至市区河东路16号停车管理办公室，由工作人员对卡的状态进行核实，若无异常情况，激活后便可正常使用。

　　相关部门表示，他们将不断完善这项工程，形成文明、和谐的公共自行车管理团队，使张家港市公共自行车成为城市独特的风景线。中学生的调研报告还引起了省内媒体的关注，2012年4月3日，新华报业《江南时报》对此进行了报道。中学生的努力引发了更多人关注和主动督促公共自行车工程的完善。2012年4月5日，《张家港日报》对公共自行车服务进行了报道，其观点和同学们的建议不谋而合。

　　http://jnsb.jschina.com.cn/html/2012-04/03/content_539381.htm（链接网址）

中学生领导力，困难中成长

由于常青藤领导力课程公共自行车改进项目小组选定的这个课题着眼于改进公共服务政策，且公共自行车的使用与市民生活息息相关，所以在完成课题的过程中需要与社会各界人士沟通，进行调查、取证，同时，也要求组员们能以有责任感的市民身份与相关部门沟通，向相关部门反映实际问题，督促其解决问题。这对组员们的社会交际能力和协调沟通组织能力提出了很高的要求。

这样一次实践对每位成员的成长都有着相当大的帮助，使他们变得成熟、从容，并且第一次有一颗真正的付出之心。相比直接获取的知识，更多的是一种价值观的调整与完善。这次活动让他们知道个人存在的意义和价值，知道以后的路要怎么走。

在项目调查过程中，每一位成员都或多或少地遇到了一些困难，但是，通过整个团队的合作，最终还是一一克服了。对于与陌生人的交流，许多成员都很有心得。在发放调查问卷的过程中，团队选择了人流量较大的步行街。然而，组员们习惯了在学校与同学老师交流的方式，在刚开始调查采访陌生人时显得生涩，不知道怎么开口跟陌生人交流，不能很好地组织语言，不能清楚明白地向被采访者介绍采访的意图，或者是没有选择合适的采访对象和地点，常常被急于赶路的人拒绝、埋怨。但是，他们始终没有放弃，追着路人跑，费尽唇舌劝说别人。渐渐地，拒绝的次数不断减少，他们在开口时也更加大方自然。正是这一次次的被拒绝，使他们懂得了如何取得陌生人的信任，如何才能有礼貌地劝说别人接受自己的问卷调查，并且学会在质疑和拒绝中坚持不放弃。在与陌生人的交流中，他们逐渐地大方了起来。

在章蒙熠和同学走访相关部门时，也遭到过拒绝或相关人员的推诿，但是他们从未动用过关系或依靠家庭背景。比如在采访城管部门相关负责

人时，所采访的对象与章蒙熠的父母很熟悉，但他们坚持依靠自己的力量，按既定程序来完成任务。每位成员都深刻地认识到，他们目前所生活的圈子虽然处处有关系，然而将来走进社会的时候，却是孤身一人，不可能在父母的关照下走一辈子，而经过自己的努力完成任务，会使他们更有成就感。即使碰壁，即使要给相关部门打上 100 次电话，也比打一个一打就通的私人电话有价值。

不仅如此，每位成员在处理人际关系方面也成长了许多。在全组成员制订计划和方案时，分歧和摩擦在所难免，然而，全组最终都会朝着一个方向共同努力。虽然组长在必要时会做出一定的统筹安排，但更多的情况是每一位成员要先虚心听取他人的观点，仔细比较与自己不同的观点，讨论出最佳方案。陈志杰、马雯燕等同学在制订调查问卷时对问题设置的必要性认识不同，甚至因为各持己见而争吵，不肯让步。但是时间一长，他们自己也发现，争吵都是无谓的，只会使成员间产生隔阂，最终导致效率低下。因此，他们很快转变了心态与做事的方式，尝试着接受别人的意见。不难发现，这样的转变使得整个团队团结了不少，工作效率也提高了不少。在合作中，难免会出现意见的分歧，队友之间也可能出现摩擦、冲突。而优秀的领导者应采纳多方面意见，从大局出发，妥当地处理团队内的不和谐，千万不能固执己见。

在做项目的过程中，常常需要花费同学们较多的课余时间，甚至是平时自习的时间。这就需要同学们挤出更多的休息时间来处理学习上的事情。起初，同学们对此都很苦恼，甚至常常在活动时产生请假的想法，而某些任课老师也认为高中生面对繁重的课业负担，课外活动的时间很有限，必要时还是应该以学业为重。这些老师们的想法都是可以理解的。然而，活动组的同学们对领导力项目始终抱有兴趣，再加上任务上的压力和指导老师的开导与多方协调，同学们很快就转变了想法。作为一名想要全面发展的学生，不仅仅是学习，其他方面的能力也是极为重要的，应该注重综合能力的提升。因此，同学们常常在周末走上街头做调查、做采访，放弃一些与同学聚会、上网的时间。很自然地，时间就多了不少，周末也充实了许多。

不仅仅是同学们最初在活动过程中时常感到力不从心，不少家长也曾对领导力项目的价值和意义产生过质疑。为了项目，同学们不得不常常外出、放弃休息时间和一部分学习时间，一些家长对此很不理解。袁哲的家长告诉我们："看到自己的儿子经常在别人放假的时候还要去学校参加活动，回来以后还要忙着完成作业，觉得他太辛苦了。有一次期中考试他的成绩有了下滑，我劝他放弃一些课外活动，他却说活动内容很有趣，他会自己想办法处理好学习与活动的关系。"笔者也采访了秦晓婷同学的家长，他们起初也不是很愿意让孩子将周末时间或者平时自习的时间用在这些活动上，认为对学习并没有太大的帮助。然而，一次偶然，秦晓婷的家长发现自己的孩子变得大方了许多，遇到长辈打招呼时更加大方得体。家长们相信，包括秦晓婷在内的许多其他学生改变的不仅仅是这些，领导力还帮助他们更快地了解这个社会，融入这个社会。因此，不少家长从原来的不理解逐渐转变为支持自己的孩子参加像领导力开发这样的活动，甚至感谢领导力开发课程给孩子们带来的变化。

当然，有许多老师是非常支持领导力课程的活动的。他们愿意在周末陪着同学们一起走上街头，帮助他们留下一些影像资料，当同学们遇到困难时给予鼓励，提供可行的建议。常青藤中学的语文老师沈老师告诉我们："以目前的形势来看，以素质教育来培养孩子几乎是不太可能的，毕竟压力这么大。但是，这并不意味着只注重学生的应试能力。每一位学生都必须学着走进这个社会，锻炼自己的组织能力、交际能力等等。不得不说，一些参加领导力开发课程的学生在这些方面确实获得了更多的历练。领导力开发课程为学生提供了一个课本以外的学习平台，它的存在是极有价值的。我希望能有更多的同学踊跃参加这些活动，在每一个项目中展现自我，

提升自我。"

许多家长和老师如今都很支持同学们去参加这些活动。当然，他们也提出了更高的要求，同学们要更加注重做项目的效率以及所做项目带来的效果和影响。

通过这个项目，项目组的成员汪嘉琪、陆俊彦、陆姝瑶、黄舒沁、张修宇都表示对领导力这个词都有了更为深刻的理解。在他们看来，优秀的领导者最主要的品质便是要有强烈的使命感与责任感。这种责任不仅仅是在平常生活、学习、活动中对自己所做的事、自己所说的话负责，更重要的是要对身边与自己一同工作的队友负责，对自己的组织负责，对社会负责。成为一名领导者并不意味着你有高于别人的地位，你享受比别人更优先的权利，更不意味着你可以在别人头顶上指手画脚，发号施令。领导力这个词意味着你将承担多于普通人的责任，意味着你得到队友充分的信任与支持，领导者所要做的恰恰是对这种信任负责，而不是滥用信任。

这样难得的社会实践，为他们更加深入地了解社会，为将来步入社会积累下丰富的经验，打下了坚实的基础。或许适当经历一些挫折，才能让组员对领导力培养的这个过程印象更加深刻。也许他们选择"领导力开发课程"的初衷不尽相同，但在此过程中的收获却都是无法用简单的语言来形容的。领导力不再是一个空洞、难以描摹的词，它是学生们对社会种种现象的不断感知，是对责任感与使命感更为深刻的理解，当然，更是对心中想法的真正落实，是真正贯彻的实践。

结束语

今天，当人们使用越来越多的私家车，排放大量尾气时，不再清新的空气让人们开始想要改变自己的生活方式。当能源枯竭的未来步步向我们进逼，人类耗费能源受到制约时，有没有人想到正是那些看似豪华的小轿

车每天往返在城市的道路上消耗了大量能源。

200 多年前，自行车发明者从四轮马车占道太多的情况受到启发，不断简化成便捷的两轮交通工具。200 多年来，它陪伴着我们，成为我们最亲密的生活伴侣，一直到今天，大街小巷依然涌动着它的身影。我们赞美自行车，我们热爱自行车，我们需要自行车，骑上自行车，让我们穿越城市的距离。

项目组成员：汪嘉琪　陆俊彦　秦晓婷　袁　哲　陆姝瑶　黄舒沁
　　　　　　张修宇　马雯燕　陈志杰　章蒙熠
指 导 教 师：邬建芳　陈　伟　张　罗　丁盼盼
采 访 人：黄怡琼　龙佳颖　许家敏
撰 稿 人：黄怡琼　龙佳颖　许家敏

橙色之家——环卫工人休息站

——呼和浩特市第二中学"领导力开发"课程班项目组

　　我一口气读完部分同学所做的《橙色之家——环卫工人休息站》项目报告，深深地被同学们的行为所感动，为同学们能有这样一种社会责任感而自豪。小小年纪能够关心他人、关注社会，有较强的责任心，这正是我们多年教育学生做有责任心的二中人当中的一个典范。"中学生领导力开发"课程，不仅锻炼了学生的能力，同时对他们了解社会、了解各行各业的情况，特别是了解各种事情的复杂性，都有很大帮助。

　　这个项目虽然已在全国获了奖，我还是希望参与这个项目的同学能够继续把它做完、做好，积极宣传好这个项目；没有参与的同学要他们为榜样，积极投身到社会实践当中去，了解社会、关心他人，做有责任感的二中人。

——呼和浩特市第二中学校长　郭炳胜

　　作为我校学生特别喜爱的一门选修课，中学生领导力开发给学生们提供了一个深入了解领导力的现代涵义、国内外中学生领导力培养模式以及实际体现其社会责任感的平台。通过这一平台，象牙塔中的学生们对外面色彩斑斓的世界有了更加客观的认识。他们开始乐于关注社会民生，为有效地改进公共政策、改善民生，为促进社会和谐、进步，尽到了自己的绵薄之力。在亲身参与中，学生们也学会了如何协调各方面各部门的关系，提高了整合资源和材料的能力。同时，中学生领导力培养课题也培养了中学生的责任感、使命感和组织管理才能，有效地提升了学生的思想境界，形成了卓有成效的领导力。这种综合素质的提高，为学生们走向大学，走向社会做了良好的铺垫。

——呼和浩特市第二中学党总支书记　王文梅

限的休息站发挥更多的效益。

虽然根据标有环卫工人工作地点的地图初步设计了安装位置，但项目组毕竟是外行，对呼和浩特市一些街道的具体情况不是特别了解，幸亏专业人士的建议为大家的具体工作提供了有力的支持。

2. 进行实际调查。在街头访问环卫工人对于建立休息站的想法，并向他们征求有关休息站具体细节的建议，让设计建造的休息站更加贴近使用人群。

同学们准备好摄影、录音等设备，走上街头，与将来休息站的使用者——辛勤工作的环卫工人们进行了交流，了解了他们工作中的一些情况和对建立休息站的想法。

这一过程是使项目组的同学感觉最辛酸但更受鼓励的经历。环卫工人在风吹日晒的环境下，皱纹爬满了他们因日晒而黝黑的脸颊。他们中即使比较年轻的中年人，也因日复一日辛苦的工作使大家早已无法辨明他们的真实年龄。

有几段采访交流让大家记忆深刻。

当时正是炎热的 7 月，大家发现了正坐在街道旁休息的一位环卫工人。听采访的同学问起工作累了在哪里休息时，老人擦着汗说："就在这儿，"

他指了指身旁的马路边，"尤其是冬天，就在这里，特别冷。"

"我们现在有一个计划，我们觉得你们太辛苦了，想给环卫工人建一个休息站，您觉得怎么样？"

"当然希望这样了！我们春夏秋冬都没有什么地方可以休息，冬天的棉衣虽然保暖，但也很冷，只能在路上走一走暖和一下，在路边休息休息。我们都希望早点儿建这个休息站，这样可以更好地工作。"

老人操着本地的方言，朴素的话语中充满希望，他露出了温暖的笑意，仿佛想象到建立休息站后的样子。大家互相对视，暗下决心一定要做好这个项目，完成他们这个小小的心愿。

采访另一位阿姨时，因为不能辨清她的年龄，大家在称呼上犯了难："您好，我们是呼和浩特二中的学生，在做一个社会调查，想采访一下您。"

阿姨欣喜地笑着说："你们是高中生，我儿子今年也上高中了！你们想知道什么？"大家心中很是辛酸，这个阿姨和自己的父母年龄差不多，但大家因为她沧桑的面容竟然看不出她的年龄！

"您平时打扫卫生累了有休息的地方吗？"

"只要不妨碍路上行人都可以休息。"

"您的工作时间是怎么安排的？"

"上午从7点半到11点，下午从2点到6点半，每个人的具体工作时间也都不同。"

了解了环卫工人的休息时间，大家不由得产生了疑问："那中午这段休息时间您在哪里休息？午饭怎么解决？"

"就在路边呀，自己带上就行，或者买点煎饼之类的，当然也有家近的可以回家吃，但很少。"阿姨说的云淡风轻，似乎早已习惯了这风餐露宿的生活，但项目组却更加辛酸了，环卫工人辛勤工作之后只能蹲在路边吃着简单的午餐，甚至春天沙尘暴横行的时候要吃一嘴沙子，寒冷的冬天用冻僵的手艰难地拿着筷子。

"你们真是太辛苦了！我们想要做一个项目，在市里建立环卫工人休

息站，让您在工作后有一个休息的地方。您有什么看法或建议吗？"

"那真是太好了！我们可以有地方休息了，如果能多建几个就更好了，哪怕是临时的也成，在天气不好时可以有个地儿避一避。不过我们这不是首府嘛，争做什么卫生城市，是窗口，肯定得积极地打扫。也真是感谢你们，还为我们着想。"听了这番话，大家感慨万千，也许环卫工人没有什么文化，但他们为城市出力的心却是真诚的。

项目组的同学说："我们进行了街头采访，那些叔叔阿姨大叔大娘们，知道我们的来意后，拉着我们的手，一直絮絮叨叨地说着。当我们提出给他们拍照时，一个又一个橙色的笑脸绽放在镜头前。"是的，这就是温暖的力量，是生活的力量，即使辛苦，即使忙碌，可还是用最灿烂的笑容面对。

在与环卫工人进行了交流之后，了解了他们的艰辛不易，也体会到了他们对默默无闻的清扫工作的热情，同学们更加坚定了要为城市的美容师们建立休息站的信念，让他们在辛劳的工作之后，有一个遮风挡雨的地方。

项目组还向身边的同学和普通市民询问了关于建立休息站的看法和建议，得到了大家的一致赞同和支持。

一些热心的市民也说出了自己的看法：

"如果有了休息站，就可以给他们提供更好的工作环境，有利于他们更好地工作，还能起到一定的监督作用。"

"建立休息站的想法是好的，但无形之中又给环卫局的支出造成了负担，怎么解决资金问题需要好好考虑，是不是又会给我们增添税收负担？"

热心市民的想法提醒了项目组，建立休息站的资金从哪里来？是来自环卫局的支出，还是在这个提议被政府和百姓认可以后来自公益组织或是爱心人士的捐款？在全市范围内建立环卫工人休息站所需要的资金并不是一个小数目，要通过什么样的方法才能筹得所需要的资金？这些问题都是需要项目组同学们考虑的，这又成了压在同学们心上的一块大石头。

项目组仔细思考了环卫工人休息时的现状和他们提出的建议，并考虑了很多身边民众的想法，开始着手写项目书。

3. 在项目已经取得了初步进展的时候，为了进一步扩大项目的知名度和影响力，从而方便接下来去环卫局和规划局开展工作，项目组与内蒙古电视台"都市全接触"栏目组进行沟通联系，电视台听了同学们的构想和前期工作后，非常感兴趣。

于是就有记者来到呼和浩特市第二中学对项目组的同学进行了采访，同学们简单介绍了做项目的初衷和接下来具体实行的计划，比如去环卫局打听环卫工人的具体情况，去规划局了解政策等等。

记者说他们觉得这个项目很有社会意义，还夸奖说大家虽然年龄不大，却有着一份为社会做贡献的心。内蒙古电视台为了进一步了解这个项目的进展情况，还和同学们一起去了环卫局等部门。

不久以后，项目组就在呼和浩特的地方台"经济生活频道"看到了环卫工人休息站项目的采访报道。

通过在电视上播出节目，让生活在这个城市的人们了解这个项目，进一步扩大它的社会影响力，号召更多的人关注这个项目，关注环卫工人的工作环境，为建立环卫工人休息站打下基础并取得市民的支持。

后来，项目组的同学说自己家里的亲戚很兴奋地打来电话说在电视上看到了自己，还说非常支持这个项目，希望早日看到环卫工人休息站建成的那一天。

后来与记者保持联系的同学们还了解到，有市民还给"都市全接触"

栏目组打来热线电话，询问这个项目的具体情况，还有热衷于公益事业的爱心人士说愿意提供力所能及的帮助。

同学们知道了还有很多热心的市民在关注着他们的行动，大家倍感温暖。

4. 到呼和浩特市环卫局和规划局了解具体情况。记者和项目组一起到呼和浩特市环卫局了解了环卫工人的工作地点分布情况。

在环卫局的一家下属单位，一位管理人员说他们很支持这些同学们的举动，并提供了一些资料，比如人员分布情况，全市环卫工人的总数，还有一些相关设施的情况。

这位管理人员还说，他们从报纸、互联网等渠道还得知其他一些城市和乡镇也建立了一些环卫工人休息站，如浙江的义乌、丽水，湖北的十堰等。他们每天与辛勤的环卫工人接触，更能体会到环卫工人的辛苦，尤其现在是夏天，时有环卫工人因酷热而中暑生病的情况发生，他们觉得确实需要给环卫工人提供一些休息的场所。项目组的同学说一定会努力工作，争取不让大家失望。

得到了记者和环卫局工作人员的肯定和鼓励，项目组的同学们更加鼓足了干劲。

同学们拿到了人员分布图，根据环卫工人的分布，进行了初步的规划，计划在相应的街道建设一定数量的休息站。接着同学们来到了规划局，了解了规划局的相关政策，规划局的同志提供了一些已经比较肯定并要付诸实施的城市未来规划，还告诉了大家一些城市里可以设置环卫工人休息站的地方。同学们

根据这些制定了具体的规划，比如在一些比较繁华的地区没有足够空地建

休息站，就只能在几条街道相对空闲的位置合建一个休息站。一条街道建一个环卫工人休息站并不现实，但同学们仍然想尽各种方法为环卫工人争取建立更多休息的场所。

在与环卫局和规划局的沟通中，项目组从理论上初步肯定了项目的可行性。

5. 做出环卫工人休息场所分布设计图。在拿到了人员分布图并进行了具体规划后，项目组做出了详细的环卫工人休息场所分布设计图，包括具体的内部设施，比如每个休息站设置几个座位和几张桌子，是否应该设置一张床供身体不适的环卫工人临时使用，冬天提供喝热水的热水壶，挂衣服的地方，停放自行车的地方等等。大家对成本进行了预估，估计一个环卫工人休息站大概需要 4000 元到 5000 元的费用。

对环卫工人休息站进行了初步设计后，大家开始讨论如何美化休息站的外观，使其更符合整个城市的风格。一些曾经学过美术的同学进行了仔细地设计，对休息站的颜色和外观美化进行了深入地考虑。

项目主席黄河还想出了解决建立环卫工人休息站资金的办法，初步设定以投放广告的形式解决资金问题，并尝试做出广告设计图。

大家还集思广益，各抒己见，提出了项目实施过程中还可能遇到的问题，并且就可能遇到的实际困难提出了一些解决办法。

6. 向人大代表提出建立"橙色之家——环卫工人休息站"的建议。整合收集到的各方面资料，将它们详细化、规范化，写出具体的项目计划后，项目组成员向人大代表提出了建立"橙色之家——环卫工人休息站"的建议。

阳光总在风雨后

项目组的成员们都怀揣希望，满怀信心，希望通过大家的共同努力，能够在市区建立起环卫工人休息站，真正为环卫工人做些实事。

但是，成功的路上总是充满了挫折与艰辛。问起做项目遇到的困难时，他们都摇着头说："真的是遇到了很多困难，现在想起来都记忆犹新。"

在对环卫工人进行采访时，负责采访的郭琪感到十分辛酸："这个过程很艰辛，抛开路途遥远，奔波劳累不说，还遭到环卫工人多次拒绝。环卫工人们觉得自己没有文化，不会讲普通话，觉得自己的建议没有什么作用，不好意思说出自己的想法，用继续干活的方式回避了我的问题。"

黄河正打算走向一位环卫工人进行询问，当摄像机对准环卫工人时，他慌忙拿起扫帚快步向远方走去，黄河只能摇着头对着镜头叹气说："不行，不行……"

石桐凌说："调查环卫工人的过程中，他们会因害怕舆论的导向而不敢说真话。当我们将想法和一心帮助他们的愿望说明白之后，才取得了他们的信任。"

在大家的不懈努力下，他们与更多的环卫工人进行了交流，环卫工人把自己的想法和关于修建休息站的建议表达了出来。

在这一过程中，项目组的同学们不仅亲身体验了环卫工人的辛苦（那时正是炎热的夏季，在采访的时候大家都汗流浃背，更别说不停歇地努力工作的环卫工人了），更感受到了这些工人的朴实真诚。当提到项目组想为他们建立休息站时，他们都咧嘴笑着，毫不掩饰的欣喜之情自然流露出来："好好，那真是太好啦！"而且在问到有关建议的时候，环卫工人非常热情地说出了自己的想法，还十分知足地说："我这些建议也不是非得要，只要能有个休息的地儿就成！"

几个女生早已在采访的过程中被深深打动，在聆听环卫工人体己话的时候眼泪已不知不觉在眼眶里打转。采访结束后，大家在一起许下诺言，为了这些环卫工人，他们一定会更加努力！

在与城建人员交流时，遇到了在呼和浩特市有哪些空地可供修建环卫工人休息站的问题与质疑。项目组同学们虽然在呼和浩特生活了十几年，但对具体情况并不是非常了解，为了证明呼和浩特确实有可以修建休息室的地方，他们开始了"呼和浩特市公交大环游"之旅，走过了许多以前都不曾听说过的地方，每天进行实地观察、拍照，再在地图上找出适合修建休息室的地方，在一张比较全面的大地图上记录了下来，最终得到了城建人员的认可，解决了这个难题。

具体设计休息站时，同学们又犯了难。这些具体的问题最容易被人忽略，如果真的想为环卫工人提供舒适的休息环境，必须仔细考虑这些细节。

究竟什么样的休息站能给环卫工人提供最舒适的休息环境？每个休息站空间要多大？要设置多少桌子和椅子？根据每条街道的环卫工人数量，同学们进行了仔细的分析，由于不同街道环卫工人数不等，同学们只能对街道逐一进行分析。最终初步确定了解决方案，但毕竟实际情况还都在不断变化中，具体的计划也得进行调整。

如何使休息站的外观设计与整个城市的结构布局相协调，身边的同学给予了项目组很大的帮助。他们热心地为休息站的设计出谋划策，擅长美术的同学还为项目组设计了自己心中的休息站的样子。

资金问题困扰了大家很长时间，最后，项目组想到了投放广告的方法。这个方法不仅降低了运营成本，同时解决了学生团体的资金问题。

项目组决定在休息站外面的空余地方为投资企业设立广告牌，环卫工人休息站大多位于街道上，在这些地方设立广告牌能方便路人看到企业的

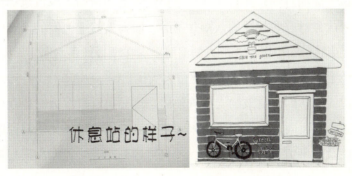

广告，而且在休息站挂牌标明投资企业的名称，也是对企业热心公益事业的宣传。这样做不仅大力宣传了投资企业，也有助于吸引热衷公益的企业参与到环卫工人休息站的建设中来。

在把项目计划提交给人大时，由于计划不是十分完善，项目组的同学们不熟悉部门，缺乏社会依托，几番绕路未果，这让大家十分沮丧。但他

们并没有就此放弃，在老师的指导下，他们一次次寻找项目计划中存在的问题，尽心尽力地修改。最后在项目较为完善时，在家长和学校的帮助下，项目组联系到了一位人大代表，成功地将项目提交了上去。

在那个炎热的夏天，项目组的同学顶着酷暑，进行着环卫工人休息站的筹备工作。当时临近期末考试，大家在紧张的学习之余还要抽出时间进行项目的准备。正是"一定要为环卫工人建成休息站"这个信念使他们不畏辛苦，相互鼓励，并一直坚持了下来。

临近期末考试，进行项目的工作势必会占用很多复习时间，原本以为家长们会反对，为此同学们还伤神了很久，然后想好说辞准备说服家长。出乎意料的是，这几位同学的家长竟十分开明，在询问清楚具体情况后，不仅没有反对孩子参加项目，还对他们进行了鼓励。在最艰难的时候，家长们为孩子加油打气，并且为项目组提供了很多帮助。项目组毕竟都是由高中生组成，对有些问题的认知并不够，而大人们把他们的经验传授给了同学们，让同学们得以站在巨人的肩膀上。在项目计划书提交人大无果时，有家长还主动帮助他们寻找到了一位人大代表。

身边的同学们更是鼓励支持着他们。得知项目组在进行建立环卫工人休息站这个项目时，同学们都投来了羡慕又敬佩的目光，他们说愿意做一些力所能及的事情来帮助项目组。项目组遇到问题时他们出谋划策，当项

目组的同学因为进行项目落下功课时，他们还主动帮助补课。

学校，家长和同学们的帮助和支持让项目组更加有信心，更加有力量。他们对大家的感恩，对这件事的感动，都从他们的眼神、动作、言语中流露了出来。

聊到这里时，项目组同学非常激动，他们说这次经历让他们真正感受到了那种被困难所困，后又群策群力团结协作的力量，体会到了真正要做成一件事的那种艰辛，真的是说不出来的满足。

用团队协作的形式搭建走向梦想的阶梯

项目的每一次进展都离不开成员们的辛勤工作，内容的每一次完善都离不开成员们的反复思考，成果的每一次飞跃都离不开团队的默契合作。

项目组的同学们，每个人都挖掘出自己的特长，利用自己的优势推动着项目的进行。

负责采访的是徐梓莹和郭琪，徐梓莹形象气质好，尤其具有亲和力，在与环卫工人进行交流时，她用温暖的微笑打动了他们，了解了很多环卫工人的真实想法。凭借良好的音色和担任播音员的经历，徐梓莹成为了项目展示环节的主力军。

郭琪表达能力强，能压得住场，遇事不惊，在面对困难时淡然处之，从不放弃。不仅如此，她还很有创意，善于观察总结。作为项目选题的提出者，郭琪为项目的顺利进行奠定了坚实的基础。

黄河善于沟通，应变能力强，负责与环卫局、人大等部门进行联系沟通。他还善于发现项目中存在的问题并积极寻求解决方法。在项目展示中，黄河作为答辩主力发挥了重要的作用。

周涛是中学生领导力选修课的班长，在个人赛中，评委老师一致认为他是一个非常好的聆听者，对于一些问题总有自己独特的看法和见解，为项目注入了新鲜元素。

"石桐凌是一个实干家"，项目主席黄河这样评价她，一个人的态度比能力更重要。作为秘书，她全程记录项目的进展工作。

许嘉博在电脑方面比较精通，项目过程中全部的PPT制作以及视频处理都由他负责，为了做好这些工作，他常常一做就是一整天。

闫韦彤凭借自身优秀的领导力，组织协调全队的人际关系，提高大家的配合默契度和工作效率。

胡忻同是二中的学生会主席，她作风强硬又敢于创新，在文案工作和临场表达方面具有丰富的经验。

李浩伟在播音站担任播音员，而且还是摄影摄像方面的专家，他负责项目中所有图片的拍摄和处理。

梁泽卿的组织协调能力出众，他负责与组织方的联系，而且所有的项目要求、注意事项和新的规则变化都由他负责通知全队。

项目组的同学都表示，项目进行中大家都有不同的看法，意见无法达到统一，但项目中的分歧并没有使大家产生矛盾，大家真的都很不容易，自己很疲惫却仍然要互相鼓励，一切都以集体利益为重，这让项目组的同学愈发体会到团结的力量。

闫韦彤说："到了北京参加领导力大赛时，每个人都想展示自己，可是机会很少。在这种情况下，个人和团队的每一个决定，都关乎到项目的成败。"在这种情况下，大家抛开了个人利益，共同为更好地展示这个项目而努力。

春华秋实——展望未来，翱翔蓝天

项目组的努力付出得到了回报，同学们脸上洋溢着幸福的微笑。

在建立环卫工人休息站的具体构想和实施方案确定后，项目组将《橙色之家——环卫工人休息站》这个项目提交给了人大，如果这个项目真的得到人大的认可，同学们的努力就有了成效。

当他们千辛万苦，历经许多波折终于将这个提案成功提交给人大时，项目组就已经看到了黎明前的曙光，之前一切恍如黎明前漫漫长夜的辛苦付出，一切不被人理解的委屈和无奈，在那一刻，大家都释怀了。

项目组同学们想象着这个提案通过后，环卫工人休息站如雨后春笋般建起的情景，想象着他们的诺言变成现实时，环卫工人脸上那质朴的笑容。

项目组为建立休息站所做的努力让环卫工人们感受到了温暖。在一开始采访时，他们没有想到竟然还会有人关心他们的休息场所，更令他们吃惊的是，为他们奔波劳碌的竟然是一群还在读高中的孩子们。他们感受到了社会对他们的关怀。

在不久的将来，当这些城市美容师们因辛勤工作感到疲劳时，想到曾经有人想着为他们改变工作环境，心里定会有一阵暖风拂过；当他们在凛冽的寒风中坚守岗位时，看到了正在为他们建设的休息站，定会鼓足干劲，更加辛勤地工作。

同学们说："项目做到后来，只要上下学路上看到环卫工人在工作便想拍照，想要记录下他们的点点滴滴，想对他们说声'辛苦了'。"不仅仅是项目参与者，他们身边的同学朋友们也被他们的这种热情所感染，开始关注社会问题。

建立环卫工人休息站的项目在内蒙古电视台播出后，产生了很大的反响。也许在快节奏的城市生活中，我们忽略了那些奔走在城市各个角落的环卫工人，媒体的宣传让更多的人了解了环卫工人的工作状况，让他们知道有一群时时刻刻关注这个社会的学生想为环卫工人做些什么。这必然会引起社会的反思，吸引更多的人参与到社会公益活动之中。

这些参加中学生领导力大赛的同学们取得了骄人的成绩，在学校引起了强烈的反响，《橙色之家——环卫工人休息站》也被更多的老师和同学们所熟知。

最让项目组感到高兴的是，

有许多学弟学妹们也希望能为这个项目出一份力，让这份社会责任感能够薪火相传。

石桐凌说："其实在比赛前，我们已经着手去建立休息站了，包括外观、内部设施、经营资金等等，都有了一个完整的设想。我们相信，即使我们完成不了，也会有更多的人来完成。"

一群早出晚归的环卫工人，一个想为环卫工人建立休息站的项目组；一个真诚美好的愿望，一次全心投入的行动。《橙色之家——环卫工人休息站》，让我们用行动的力量感动社会！

项目组的心路历程

"这次大赛经历真得很棒！不仅使我们得到了锻炼，还认识了很多来自四面八方的朋友，真是长了很多见识。"

——郭　琪

"给自己一片天，看看自己是否能够在这片天空自由翱翔；给自己一个梦想的舞台，看看自己能否在这个舞台上挥洒自如！"

——徐梓莹

"比赛不仅带给了我们知识，而且让我们学会了团队合作，增强了与人沟通的能力。在北京与别的城市同学交流的过程中，开阔了我们的眼界。高二的我们，已经18岁了，自然要担负起社会责任。我们学会了尽自己的能力为社会做出一点点贡献。哪怕只是微不足道的一点点，只要我有能力，就一定会去做。"

——石桐凌

"这个项目使我更关心公益事业，有益于我的成长。"

——周　涛

"双眼关注社会，双手改变社会。领导力——领变革先导之力。"

——许嘉博

问及他们参加这个大赛的最大感受时，他们都说是在困难面前感受到了内心的强大，终于体会到了"力量"这个词的含义。他们说不知道是什么力量在支撑着他们，在面临崩溃边缘时还依然激情澎湃。这种鲜为人知的力量就应该是——信念！一个人抱定一个信念永不放松，那么这个信念便会赐予他无穷的力量，让他在一次次困境中重生，在波折中前行。

结　语

参加中学生领导力大赛，进行《橙色之家——环卫工人休息站》这个项目，带来的不仅仅是荣誉，更有团队的配合、个人的成长、心灵的蜕变。

一群少年，一个项目，一份责任，一种精神。这群年轻的90后，用行动的力量，诠释了当代青年的社会担当。

这个项目使他们获得了成长，在他们的人生路上点亮了一盏灯，同时，也为我们的社会点亮了一盏灯。即便这盏灯不能像皓月一样照亮地面，至少也能为漆黑的夜增添一抹光亮！

青年力量，应该是我们一直坚持与追求的东西。没有哪一种力量能够如此年轻而强劲，也没有哪一群人能够如此坚信梦想的力量，如此期待用自己的方式和能量去推动社会前进。

我们是青年，我们有力量！我们应该用青年人的热血去温暖身边的每一个角落，用单纯而不遗余力的付出，共同去实现一个大大的梦想！

项目组成员：	周　涛	郭　琪	黄　河	徐梓莹	石桐凌	胡忻同
	梁泽卿	许嘉博	闫韦彤	李浩伟		
指导教师：	孟　萌					
采 访 人：	朱书涵	张朝宇	李子豪	叶逸菲	李昱婷	贺　君
	格根娜	孙宇婷	王亚秉			
撰 稿 人：	朱书涵	张朝宇	李子豪	叶逸菲	李昱婷	贺　君
	格根娜	孙宇婷	王亚秉			

那些年，我们一起唱过的"落雨大"

　　从小听着"落雨大，水浸街……"的歌曲长大的他们，每年都会亲眼目睹父母亲全副武装迎接水浸的场景，这让从小生长在广州的他们不禁发出了这样一些疑惑："为什么水浸问题一直没有解决？"领导力的课程为

他们提供了这样一个平台，让他们有机会找寻问题的答案，为他们深爱的城市解决内涝问题做出自己的一份努力。于是，关注广州城市发展的 12 个高一学生有缘走到了一起，上课选题时，外面的瓢泼大雨勾起了他们对水浸的

回忆，那些真实的场景就发生在他们身边。市民对水浸的抱怨，对他们项目的支持，更坚定了他们要将"拯救'威尼斯'"进行到底的决心。

　　"那些年，我们一起唱过的'落雨大'，或许这首童歌还将继续唱下去，但我们真的希望歌词将成为历史……"

为了最初的那份热爱，再艰难我们也要坚持下去

作为一个改进公共政策的项目，从确立之初，项目组的同学就已经感受到压力和艰难。项目主席黄婷对我们道出了她的心声："我们的项目从一开始的选题就不被同学们看好。有很多同学质疑我们，广州的内涝是几届市政府都没解决的问题，怎么可能会因为你们一个领导力项目而得以解决呢？"在项目进行的过程中，项目组同学也曾经迫于各种压力，产生过退出或者放弃

课题介绍

项目组组长：黄婷
宣传部：李钰、骆紫妍
　　　　邱恋雅
外联部：蓝静、王东方
　　　　李芷晴
电脑部：司盛阳、孙至纯
外务部：冯思源、
　　　　汤俊杰
内务部：吴斯祺、何东莹
　　　　梁曼青

城市内涝的改善研究小组

这几年，广州市城市内涝问题日趋严重，白云区、天河区等老城区问题更加明显，每到夏季暴雨来袭之际，内涝就成了困扰居民的一大问题。广州市执信中学领导力课程班城市内涝问题研究小组就这一社会问题展开一系列的研究，2011年10月执信中学城市内涝研究小组成立，在项目主席的带领下，小组相继参加了实地考察、调查访问、采访研究等活动，这不仅让小组的成员拓展了知识，更体会到了民生对于社会的重要性，让执信中学领导力课程城市内涝问题研究小组取得了一系列成就。

的念头。说到这里，我们的话题似乎触动了项目主席黄婷，她有些激动地对我们说："不要说组员，最艰难的时候，作为主席的我都深感力不从心，很想为我们深爱的城市多做些什么，可是真的不知道应该从哪里下手。因为我们的力量太有限了。但这个时候，想想曾经和组员一起并肩作战的日子，想想我们最初的目标，我都会不断地告诉自己，越是这种关键时刻，我越是应该发挥项目主席主心骨的作用，带领大家将我们的项目进行到底。"给了自己信心，主席也把她的这份力量带给大家，鼓励大家并肩作战，共同克服前进路上的艰难险阻。"真的很幸运，我遇见了这么多可爱的组员，

没有人退出，大家都很团结。"说到这里，主席露出了自豪的笑容。作为旁听者，我们深刻感受到了他们对这个项目的热爱和付出，真心祝福这群可爱的高中生能将他们的正能量带给社会上更多的人。

第一次的暨大之行，是苦与甜的回忆

暨南大学被戏称为"水上威尼斯"，也是广州水浸最为严重的地点之一，它自然成为了课题组同学最先关注的地方。然而他们的调查之路并不顺利。

我们采访了参与本次活动的一位项目组同学李钰，她对我们说："那次活动真的是几经波折，历经艰难。选择暨大，是因为暨大曾作为'水浸羊城八景'之一，水浸情况严重。广州市政府投入巨资对暨大进行了排水工程的建设。我们想去了解一下。"通过对李钰同学的采访，我们了解到，这次活动项目组同学主要走访了居委会和暨大排水系统改造的工地负责人，初步了解了居委会的职责和改造后暨大的整个排水系统。

李钰同学告诉我们："我和项目组的同学首先拜访了暨南大学居委会，居委会主任带领我们了解了一些排水管道的布置，参观了一些排水设施。我们得出城市内涝'堵不如疏'的结论。接下来，我们进入了暨南大学的地下停车场，想采访一下保安，了解这里过去的水浸情况。没想到，保安听说要采访，竟百般不愿，还请我们赶快离开。采访失败，我们决定转战正门，向门岗了解情况。门岗在我们真诚地请求和劝说下，向我们介绍了排水工程建设前，水浸的严重程度

（甚至连车都开不进来），还为我们比划了水位最高时的位置。这让我们对当时的情况有了直观的感受，也意识到水浸带来的危害不容小觑。最后，在辗转数次后，我们到达了暨大防涝工程的核心工地——蓄水池。我们对正在施工的人员进行了了解，发现防涝工程不只是建造排水管，要保证排水速度快，排水管的口径要大。若保证抽水工作正常，必须要保证电力供应，为了保证在特殊情况下依旧有电力供应，建设了两条线路作为双保险……我们有幸了解到这些非常有价值的知识和信息。一整天下来，虽然很辛苦，遇到了很多阻碍，但是我们进行了实地考察，收获了很多宝贵的资料。"

第一次的暨大之行，是苦与甜的回忆。组员梁曼青同学作为此次活动的参与者之一，向我们道出了她的心声："不是所有的事情都能一帆风顺地进行。去暨南大学的时候，居委会只是带我们参观了学生宿舍区，让我们了解了一些内涝发生时的防治措施。我们根本无法从他们口里得到关于改造工程的情况。于是我们只能在校园

内晃悠，看能否找到施工场地。找了很久也没能找到，就在我们以为这次要一无所获地回去时，我们听到学校行政楼后面有很大的声音，看到一根根粗大的水管，顺着那些水管，我们终于找到了施工场地。尽管在校园内走了很久才找到施工场地，尽管施工场地内灰尘很多也很危险，尽管一个下午要完成那么多事情的确很累，可是，一路上我们有说有笑，在校园内抓紧机会拍照，获得了第一手资料以及很多重要的信息，我感到很满足很欣慰。这样的机会，真的很可贵。"

第一次派发调查问卷，我们收获了成长与喜悦

为了更全面地了解水浸发生的原因，了解市民对水浸的态度和看法，了解解决水浸问题市民所要承担的责任，项目组的同学们选择了在华南师大和北京路派发调查问卷。

网络的力量是强大的，深知这一点的项目组同学充分发挥了微博的作用。他们定期将自己的活动记录在微博里，久而久之，活动得到越来越多人的关注，其中就有一位执信中学的校友，这位毕业于华南师范大学的学

长给他们的活动提供了很大的帮助。和暨南大学一样，华南师范大学的学生也饱受水浸的困扰，对此学长给项目组的同学们讲了很多他的亲身经历和对水浸的深刻理解。

在学长的带领下，项目组同学步入了华师的校园。刚进大门，门口一处非常低洼的地区就着实让大家感受到了水浸的严重程度。据学长介绍，这里就是其中一处水浸重灾区。由于这里比其他地方明显低一截，因此每逢暴雨来袭，周围的积水都会汇集到这里，最严重时水位能达一米多。

跟着学长的脚步，项目组同学来到了后山的一处排水井口，井口周围杂草丛生，水无法通过排水口迅速进入到下水道。看到这样的状况，项目组同学不禁发出了这样的疑问"这样水怎么进得去……这排水口不就废了吗？"对于项目组同学的疑问，华师学长也很无奈地笑了笑。他告诉大家，在华师还有很多这样只是"摆设的排水口"，长满了杂草并且长期无人清理，导致下雨时雨水无法进入排水道，而且市民常会将垃圾扔在排水口，造成排水不顺畅，这些都是造成华南师大内涝的重要原因。

拯救"威尼斯"，Yes, we can!
ZHENGJIUWEINISI, YES, WE CAN!

另外，在观察校园排水系统时，学长根据他的观察对项目组同学说："每当华师水浸时，多数是采取'堵'和'抽'的办法，即用我们一路上看到的沙袋将门口堵住，同时使用抽水机不断地将水抽走。但是我们心里都明白，这只是一个治标不治本的办法，所以每到下雨时，依然会出现严重的灾情。"而对这样一个"世纪难题"，学长也只是不断地叹息，这些都让项目组的同学感受到了问题难解带来的压力。

但是这一次问卷调查，让之前很少上街做调查的项目组同学收获了成长。之前只是在教室听课做作业的他们，若不是这一次经历，也体会不到被人拒绝后的失落，更体会不到迈出第一步后的喜悦。相比起项目组的其他同学，梁曼青同学内敛，不善言辞，也从来没有上街派发调查问卷的经历，当说到她的"第一次"时，我们能明显地感受到她眼里闪着的自豪与感动。

"任何事情都不像表面看上去那么简单。在外出调查之前，我们花了不少时间设计调查问卷，希望能最大限度地发挥它的作用。在学校我们做过那么多研究性学习的问卷，却没有想过原来一张看似简单的问卷需要花费这么多精力。去华师是去年刚放寒假时，考虑到华师的学生大都离校了，我们只印了50份问卷。到宿舍楼派发问卷时，一开始有点紧张，没有组织好语言。看到有过往的学生，我鼓起勇气先上去尝试了一下，可是我还只是说了一句'您好，我们来

自广州市执信中学……'，就遭到冷冷的一句'对不起我没时间。'受打击后，组长走过来拍了拍我的肩膀，对我说，没关系，再来一次，并主动给我做了一次示范。组长的淡定自如让我找到了自己的不足，于是我赶紧调整自己的语言，直到成功发放第一份问卷后，才恢复了勇气。这让我充分感受到团体协作的力量。在那么寒冷的冬天里，撸起厚厚的袖子工作，大家一

会引起不同程度的校园内涝。内涝小时，校园内水洼遍地，若遇上大的内涝，整个学校都会浸泡在汪洋中，有时甚至连小船都会派上用场。针对这一问题，学校确实做了不少工作。但尽管付出颇多，却事倍功半，难有成效。归根结底，内涝问题还是缺乏可行而有效的解决办法。

记录完问题，回收好问卷，离别的时刻就到了。与来时相比，他们更多了一份忧心忡忡。校园的内涝问题，直接关系到学生们的安全。能否解决好这一问题，直接影响到老师同学们的学校生活。而这，也是他们担忧并渴望解决的最大问题。

第一次和政府打交道，让我们忐忑，更让我们感动

刚开始要将项目组学生的声音传进政府有关部门并不十分顺利。年初，外联组同学蓝静第一次在微博私信@广州市水务局，表达了项目组同学想采访有关负责人的意愿。"可能是因为当时报告的数据比较零散，起初在微博上我们并未得到水务局有关部门的回应，于是我又重新@广州市水务局，向他们介绍了我们的项目和工作进展情况。没想到，过了几天我们就收到了广州市水务局的回复，还与他们约定好了访谈的时间。"

项目组的四位成员黄婷、李钰、李芷晴、蓝静，于2012年3月21日下午4点放学后赶往水务局进行采访。为了不多占用领导们的休息时间，四位同学打不到的士便去追公交车，因为不熟悉路而不停地打电话询问家长、上网查找地图，终于在约定时间到达了水务局。同学们既兴奋又紧张，他们互相打气，互相鼓励，在工作人员的带领下走进了一个会议室，终于见到了水务局的领导。四位成员都显露出紧张的神情，急切地准备着资料。

项目主席黄婷先对项目做了简短的介绍，并将调查问卷的结果统计分发给各位领导。水务局的领导对同学们所做的详尽的调查感到十分惊喜，还对这一份调查结果进行了解释和分析。同学们与水务局领导之间的讨论持续了近一个小时，以下是项目组同学提出的一些问题以及水务局领导的

回答:

问:如何保证排涝时的电力供应?

答:线路有两条,如果一条断了,另一条可以立刻补充,做到线路双保险。此外,强排泵站都备有柴油发电机,万一断电,可以通过自行发电来供水泵运转。再就是市区各抢险队都会启动移动发电机临时供电。

问:污水和雨水的排放是通过同一管道吗?雨水能不能利用?

答:河流管道与分流管道相结合,建议在新建片区实行分流处理。目前广州有多个蓄水池,可以起到天然蓄水的作用,但还没有专门进行收集利用,目前也正在考虑雨水蓄水问题。

问:5月份的汛期即将来临,有关领导如何做好汛前的预防工作?

答:对于市、区、街道居委、学校,我们的方法是自行管理,对于水浸严重的地方我们会加强监督和管理。目前也在安排人员定期清理排水口的垃圾,以防排水不顺畅。另外,我们会与气象局建立互动机制,72小时内监控,在暴雨来临前还会通过一些网络、手机短信等通讯手段,第一时间通知到各个管理单位,甚至到每一个市民,也会派专门的抢险队伍驻扎在重灾点。

问:政府目前采取什么样的措施整治内涝问题?

答:若要整体改动城市规划是不可行的,因此就要利用现在已有的排水措施去加强防御,政府提倡"标本兼治","本"是排水改造,"标"是我们在现有的基础上加强管理。

问:我们了解到,政府各部门在协调管理方面存在漏洞。请问是否真的只是各管各的,没有一个系统性的管理?

答:已建立排水管理中心。负责协调的,还有负责调度的三防指挥部,在抢险时可以调度。市区内很多资源，包括水务局、公安局，三防一旦发布危急消息，所有管辖内的单位都要服从调度。广州市现在有几条主要的排洪河涌（东濠涌、沙河涌、荔枝湾涌），每个河涌有由上至下的排水管理部门，一到汛期就会执行任务。去年出台过五条河涌的联合调度方案，凡是涉及到这些区域流域范围以内的排水部门，都要统一联合起来。

　　整个采访过程，执信中学的四位同学表现出了当代高中生应有的沉着与冷静，他们思维活跃，对课题研究之深入和所提出问题的针对性之强让水务局领导赞不绝口，充分锻炼了同学们的领导力。项目组的同学说，也许他们的研究成果并不是最为准确、专业的，但作为21世纪的中学生应该有关注社会的热情。他们希望通过这个项目，让所有中学生，甚至更多人一起关注这些社会现象。

　　"最让我们感动的是，我们的项目得到了政府部门的支持和鼓励。水务局的领导告诉我们，希望我们做市民与政府之间的桥梁，同舟共济，共同解决广州水浸的难题。而事实上，我们也一直努力为大家搭起这座沟通的桥梁，我们希望通过中学生的力量告诉大家，解决城市内涝问题，不仅仅是政府的事情，更是全广州市民所要肩负的重任！"

顶着烈日，我们用行动阐述了"五一"劳动节的意义

5月1日7点40分，项目组同学黄婷、司盛阳、邱恋雅坐了将近两个小时的车来到广州市白云湖。在热心市民松松老爸的带领下，到白云湖管理处借了一些扫把，垃圾桶和钳子，准备用半天时间在白云湖进行一次义务捡垃圾活动。

烈日炎炎，穿着绿色校服的同学们一次次地弯腰去捡游客丢在地上的垃圾。许多同学半个小时就已筋疲力尽，但是看到收拾过的区域干干净净

的样子，同学们便一鼓作气，顶着火辣辣的太阳，将捡垃圾行动进行到底。这次活动得到了很多路人的鼓励和赞扬，许多市民在同学们的感染下，也都自觉将垃圾丢到垃圾桶里。"其中有一个小细节让项目组的同学非常感动。"组长黄婷向我们说道，"在捡垃圾的过程中，我们看到有一个小女孩随手将吃完的雪糕筒扔在地上，项目组同学看到后，并没有说什么，只是默默地走上去将垃圾捡起扔进垃圾桶。小女孩的母亲目睹了这一幕后，走上去对小女孩耐心地教育了一番。我想，这也正是领导力的魅力所在。领导力也是一种影响力，我们的一举一动，潜移默化地影响着身边的人们，让大家都知道，拯救'威尼斯'并不只是政府的事情，市民也有不可推卸的责任。

任。从身边的小事做起，保护好排水设施是我们必须做到的。"

"看到草坪上成堆的垃圾，我们不能不感慨国民素质有待提高。但是

143

我们也知道其实大家并不都是毫无公民意识，只是大家看到别人随便扔了，便觉得再多扔几个也没什么关系。当大家都这样做的时候，就造成了环境的恶化及一系列的环境问题。结合我们的项目研究，随手将垃圾扔在排水口，引起排水不畅，是造成'水上威尼斯'的一个重要原因。"回忆起这段经历，项目组同学邱恋雅依然记忆犹新。而这一次的捡垃圾行动，让同学们对自己的项目有了更深层次的了解，也为他们的项目进行指明了方向。这对他们之后的研究有很大帮助。

再次来到白云湖，我们深感不虚此行

5月5日，项目组同学又一次来到了白云湖。放眼望去，似乎白云湖某处已悄然发生了变化。草地似乎更干净，更碧绿了，湖水似乎更清澈，水波激滟了，而天空似乎也更蓝了。项目组同学满心欢喜，为他们曾做过的改善环境的小事——捡垃圾——带来的影响而自豪。

来到白云湖管理处，处长热情地接待了同学们，并询问了项目进展的情况，接着又请出水利工程师陈曙东为大家就白云湖整体规划做了详细介绍，并对同学们的疑问做了详尽解答。

在长约三个小时的交谈中，项目组同学了解了很多白云湖规划设计的细节。了解了当初建造白云湖的目的，就是调水补水，改善生态环境，保护维持当地水源平衡，作休闲景观供游人游玩等。同学们还了解了白云湖

最大储水量可控范围，六条河涌"进/出口"等的详细情况。

此次活动令项目组同学受益匪浅，他们从中学到了许多关于防洪排涝管理水资源方面的知识，大大增加了大家实施项目计划的信心与动力，也提高了大家的综合能力。而这些，都是平时待在学校内的学子难以获得的经验财富。项目组同学吴斯琪回忆时用一句话总结了他们这次的活动："我们深感不虚此行。"

一年的努力，我们的建议最终得到了市长的亲自批复

"人生就像一颗巧克力，你永远不知道下一颗是什么。"或许人人都应该抱有阿甘精神，就在黄婷与队员们带着此项目赴北京参加全国中学生领导力大赛时，她接到了水务局的来电。

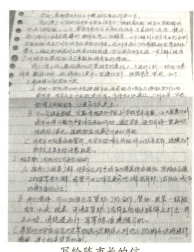

写给陈市长的信

"接电话的时候，我们正在开往北京的火车上，我已经快将给市长写信的事情忘记了。"水务局的联系人告诉她，市长收到了执信学子关于城市内涝治理的建议后，请水务局予以重视，与学生沟通交流。这则消息给前去参赛的同学们带来了很大的鼓舞。

10月18日，水务局副局长等领导莅临广州市执信中学，听取了黄婷团队关于"拯救'威尼斯'——广州市城市内涝的研究及解决方案的项目报告"。项目组除了介绍他们对广州市"水浸街"的调研情况外，还结合自己的研究和在北京比赛时专家的建议，就解决广州"水浸街"问题向水务局领导提出了系列建议：

一、向市民的建议

（1）要有防灾减灾的意识，可在汛期来临前将家里的电器适当垫高，

的出发点非常好。领导们也指出了我们所提出的建议仍有稚嫩、专业性不足的缺陷。作为中学生，专业知识不足是难以避免的，所以我们的建议重心放在对市民的宣传方面。对于水务局领导提出的意见我们会虚心接受。"

苦尽甘来，我们最终迎来了收获的季节

在持续一年的项目开展过程中，项目组同学通过实际行动引起了社会的广泛关注。主要表现在以下四个方面：

1.陈建华市长对我们的建议亲笔回复，并嘱咐水务局进行跟进

"2012年6月，我们给陈建华市长写了一封信，阐述了我们项目的研究结果及改进建议。陈市长对我们的建议进行了批复，表达了对同学和老师献策治理水浸的感谢，并转交水务局进行跟

进。"水务局领导非常重视此事，主动与学校取得联系，希望能够了解学生关于这个项目的工作成果。

2.广州市水务局领导登门聆听项目组的汇报

2012年10月18日星期四下午，广州市水务局吴学伟副局长带领水务局卢绍琨主任、李明处长、陈超雄副处长、张绍辉主任等莅临执信中学，认真聆听《拯救"威尼斯"：广州市城市内涝的研究及其解决方案》的项目汇报。本次会议由钟立副校长主持，项目组进行汇报。"吴学伟副局长对我们的汇报表示了高度赞赏，感谢我们对水务局工作的关注和提出的宝贵建议，并提出水务局将进一步改进的措施。我们也积极地向水务局的专

家领导们提出了自己的疑问，认真向各位专家请教。"

3. 中广传媒有限公司的支持和承诺

"2012 年 6 月，我们联系了'中广传媒'有限公司。公司的副总听了

我们的介绍和想法后，非常愿意与我们合作。"在接近一个多小时的沟通后，项目组与中广传媒有限公司达成协议，中广传媒承诺，将会与水务局联手制作一段视频，宣传水务局的工程，向市民普及一些预防水浸的知识，并在社区里张贴一些海报，加强宣传工作。

4. 项目得到多家媒体的多次报道

项目在实施的过程中，引起了很多媒体的关注，并多次对项目研究过程及其结果进行了相应的报道。据不完全统计，《新快报》《羊城晚报》《信息时报》《南方日报》《南方都市报》、广东卫视南方电视台 TVS—1、大洋网等多家媒体对此项目进行过多次报道。

感谢中学生领导力，一年改变了我们许多

项目实施一年来，项目组的同学有许多的体验和感受。以下是他们的心声：

黄婷：高一，懵懵懂懂地进入了领导力课程班，意外地当上了项目主席，似乎一切都在懵懂中走上了正轨，但步入正轨后的我却从不敢马虎！

当初选项目主席时，我不是最受欢迎的那个，我们的成员也并不多。但我们是第一个拉到赞助的，第一个上《新快报》的，第一个和政府部门打交道的……我们创造了无数个第一次，团结一心的我们永远不会忘记每

一次辛苦的工作，每一次热烈的讨论，感谢"城市内涝"项目的每一位成员，感谢大家的付出，辛苦了！

这一年，我收获了很多，收获了友谊，收获了成长。每一次的工作，我需要统筹，需要把工作分配下去，这一过程需要我周到的思考。我锻炼了自己的领导力，锻炼了严谨的思维，这些是平时书本上学不到的，我从不后悔参加领导力课程班！

李芷晴：最早将调查问卷制订出来，并且开始调查的，应该就是我们这个项目了。寒假的时候也和组员一起去北京路上调查，结果还差点儿被叫去吃"年夜饭"。除了在各个场所的实地调查，我们在网上也开放了问卷平台，进行了宣传。虽然问卷总数没有预期的多，不过还是要谢谢各位同学朋友的支持！

这个学期开始，各项工作又顺利地展开了。首先，我们拉到了一笔数目不小的赞助，我相信能够帮助我们的工作顺利开展。其次，我们项目组开通了微博，也得到了社会各界，包括学校校友会、媒体、领导力大赛组委会的关注。个人认为我们项目组还是非常团结的，很多事情大家都能齐心协力地做好。当然主席的功劳也是非常大的，帮我们做了一个很详尽的规划，让我们知道什么时候该做些什么。

吴斯琪：不管怎样，我不后悔参加这个项目活动。我认为这有利于我们得到可靠的信息，有利于我们顺利研究广州水浸街受灾的严重情况，更有利于我们得出准确结论，然后采取措施帮助自己的家园改善环境，构建和谐社会！接下来的环节我们还需要努力，我们要做的远不止这些，希望以后的工作能比较顺利。加油！

汤俊杰：2012年寒假的一天，我和我的两名"队友"奔赴我们的初中，也就是广州市铁一中学进行有关水浸街项目的调查，感受颇深。

这是我第一次进行如此正规的调查活动。为了这次调查，我们做了充足的准备。调查进行得较为顺利，同学们都认真地填写问卷。之后，我们对调查数据进行了统计并交给了项目组。

这次活动不但锻炼了我们，为我们增加了宝贵的经验，还培养了我们的团队协作能力，组织能力和采访能力，更加激发了我们的领导才能，使我们在以后的学习工作中发挥得更加出色。

蓝静：半年前的我肯定不会想到半年后我会和政府部门、媒体打交道。在一次次得到支持的回复时，是欣喜，是激动，同时也是希望，让我可以乐此不疲地拨通一个又一个的电话号码，用得体的语言去迎接每一个质问。真的是小大人了！

城市内涝的问题，也许靠我们那点微不足道的力量不能使它有大的改善，但我们还是希望可以通过这样一个活动，这样一个项目，去打开我们与社会间的大门，让更多人受到感染，一起关注这些社会问题。相信，总有一天，我们的努力会有成果的。

邱恋雅：高一上学期，我加入了领导力课程，刚开始并不知道这个课程是要做什么。但是经过一个学期的学习和研究，才发现这个课程不是学习领导，而是培养领导力和开拓自己的思维。

我加入了黄婷为项目主席的小组，我负责的是宣传部分。我们的主席是个平易近人的主席，她对待我们是柔中带刚。我经常有事不能参加团队活动，她都能够表示理解，但是她却又不是放纵，而是要求我们高质量完成任务。这是我从她身上领悟到的作为一个优秀领导应该有的特质。

在进行调查研究的时候，我们也遇到了很多困难，像发问卷的时候路人不配合，或者是寻找专业人士和资料的困难，但是最终通过我们小组的齐心协力，总能够完成。这是我学到的另一点——领导和合作是一体的，有优秀的领导而无合作，或者是有合作却无优秀的领导，都是不能够取得成功的。

司盛阳：一开始在暨大调查时，我们遇到了一些困难，没法找到有用的信息和能够提供有用信息的被采访人。但是我们没有气馁，而是继续顺着施工的痕迹找下去，并且不停地询问路人。最终我们终于在别人的帮助下找到了施工地点和施工队，并且通过采访施工队长和调查施工地得到了对于我们来说非常重要的信息。

通过这次项目研究，我不仅了解到了项目内容"城市内涝"的相关知识，更在一次次的团队活动中体会到了团结的力量。不管有多大的困难，只要我们团结一心，朝着我们的目标进发，就可以冲破路上的一切阻碍，到达胜利的终点！这，就是领导力学习教给我的宝贵财富。

结　语

在经济高速发展的广州，GDP 的增长光鲜亮丽，但仍然存在经济和社会发展不相协调的地方，仍然隐藏着不少社会问题，尤其是环境问题依然严峻，环保意识有待提高。而这些都是造成广州城市内涝不可忽视的原因。在采访的最后，项目主席黄婷表达了对未来的希望："我们做了这么多，是希望通过我们的研究进一步唤醒民众的环保意识，提高环保能力。作为中学生，我们在关注广州现在的同时，我们更关注广州未来的发展，希望为了广州更好的明天做些什么。"

"最后真地很感谢这一路支持和陪伴我们的老师同学，热心市民，媒体记者朋友们，还有广州市水务局的领导，正是他们的鼓励才使我们将拯救'威尼斯'的脚步进行到底！"

　　拯救"威尼斯"，Yes，we can！

| 项目组成员：黄　婷　李芷晴　吴斯琪　李　钰　汤俊杰　冯思源 |
| 　　　　　　邱恋雅　蓝　静　司盛阳　梁曼青　王东方　孙至纯 |
| 　　　　　　骆紫妍　何东莹 |
| 指导教师：林间开　林少惠　赵浩然　何院琴 |
| 采 访 人：黄　婷 |
| 撰 稿 人：黄　婷 |

附录1：

致陈市长的一封信

尊敬的陈建华市长：

您好！我们是广州市执信中学领导力课程"城市内涝"研究项目组成员。这几年，广州市城市内涝问题日趋严重，每到夏季暴雨来袭之际，内涝就成了困扰市民的一大问题。作为新时代的中学生，作为广州市市民对所在城市的责任感，我们就这一社会问题展开了系列研究。以下是我们对城市内涝治理所提出的建议，希望这些建议能够为广州市未来城市建设提供一点帮助。

1. 加大宣传力度

从数据的分析我们可以看出，市民的防灾意识较弱，对于一些基本的防灾知识并不了解。所以我们认为，政府可以加强对市民的教育，比如，如何保护排水设施，水浸后应该怎样最大限度地减少内涝的危害等。政府可以通过向居民派发小册子，或者派一些专家走进学校，向学生普及这方面的知识。如果有需要，我们领导力课程班的同学也非常愿意向大家宣传更多预防水浸的知识。

2. 事先通知司机绕道而行

受访对象中，水浸给司机带来的危害也非常大，严重影响了他们的出行。所以，我们认为，当某一地区发生水浸时，可以通过道路上的电子显示牌提前通知司机，提醒他们绕道而行，以免造成车辆的拥挤。

3. 加强各部门之间的联系

治理水浸需要各部门的共同努力，因此要加强各部门、各街道之间的联系，形成一个完整的监管系统。建议能最大限度地让市民知道各个部门的职责所在，由调查数据可以看出，市民都不太清楚各个部门的具体职责。

4. 在防涝工程建设前可提前告知市民

例如，可以利用官方微博和官方网站提前告知市民施工路段及具体时间，请大家支持理解，共同防涝。

　　这些建议是我们全体小组成员在经过研究之后讨论出的结果。作为项目组成员，我们也积极向身边的人宣传防灾减灾、保护排水设施等知识，并大力支持政府的工作。最后十分感谢您在百忙之中能聆听我们的声音，给予我们为自己所在的城市出谋划策的机会。为了广州市的市民，您辛苦了，在此向您致以我们最崇高的敬意！

　　此致
敬礼

　　　　　　　　广州市执信中学领导力课程"城市内涝"研究项目小组
　　　　　　　　　项目主席：黄　婷
　　　　　　　　　项目成员：李芷晴　吴斯琪　李　钰　汤俊杰
　　　　　　　　　　　　　　冯思源　邱恋雅　蓝　静　司盛阳
　　　　　　　　　　　　　　梁曼青　王东方　孙至纯

　　　　　　　　　　　　　　　　　　　　2012 年 6 月

附录2:

媒体对该项目的报道情况

序号	报道单位	报道时间	报道标题
1	新快报	2012年3月23日	《高中生做客水务局,共商治理"水浸街"》
2	新快报	2012年6月26日	《高中生都献策水浸街,水务局该加把劲了》
3	信息时报	2012年6月24日	《高中生访水务局 盼解决水浸街》
4	广东卫视"广东早晨"栏目	2012年6月26日	《高中生都献策水浸街,水务局该加把劲了》
5	南方都市报	2012年10月9日	《高中生致信市长 献计拯救"水城"》
6	羊城晚报	2012年10月19日	《执信学生调研"水浸街" 水务局上门"讨教"》
7	南方日报	2012年10月19日	《执信中学学生致信市长献计治内涝 市水务局副局长登门感谢》
8	信息时报	2012年10月19日	《执信高中生献计水浸街 获市长陈建华批示》
9	南方电视台TVS-1"拍案"栏目	2012年10月24日 22:40	《广州中学生献计水浸街》
10	大洋网民意圆桌会第193期	2012年10月25日 15:00	《"中学生向陈建华市长献计水浸街"再追踪》

"新星"的摇篮

——江苏省南菁高级中学领导力开发项目"小干部培养"纪实

《"新星"的摇篮——小干部培养》项目倾注了领导力开发项目组同学的心血和精力。该项目选题新颖,立意深远,操作实际,社会影响广泛,为南菁高中和周边兄弟学校打通了另一条联系的通道。更为有意义的是,同学们情系家乡,心系江阴民生发展,用自己的声音和行动为"幸福江阴"增色添彩。通过项目,通过课程,同学们在"做中学",在"学中悟",在感悟中锤炼能力,升华思想,发展自己。

——江阴南菁高级中学校长　过建春

　　为了使学生小干部在工作中更加得心应手,江苏省南菁高级中学的学生发起了"小干部培养"活动。

　　一路上,他们以朋友般的视角,发现着未来星的力量;他们以朋友般的口吻,进行着畅想未来的交流;他们以朋友般的心态,见证着后起之秀的风采。

一触即发:The inspiration

　　毛泽东主席说过这样一句话:"世界是你们的,也是我们的。但归根结底还是你们的。"如今,作为新一届的"革命者",我们确实走在八九点

钟的太阳下。白岩松说过："回望中的道路总是惊心动魄。"确实，我们现在虽然做着学校的学生干部，有着丰富的工作经验，但当我们看那些歪歪斜斜的足迹，总会沉默着思考着微笑着。在那些懵懵懂懂的岁月里，若能有人拉着我们告诉我们前进的方向，告诉我们什么时候骑脚踏车，什么时候开跑车，什么时候该加油，什么时候该停下来看看风景……我们也许可以做得更好。所以，我们开展这次活动的学习，想走近那些未来的我们，告诉他们，要坚强，要自信，这一路虽难，但我们同行。

无论是小学、初中还是高中，领导力所包含的责任心、组织能力、团队精神、决策力、行动力都是衡量一个学生素质的标准。作为高中的学生干部，我们有着较丰富的工作经验，将这些经验传授给身边小学、初中的小干部们，那么领导力这个概念就将得以传递，也将更早、更深入地挖掘同学们的领导潜质，使他们更加懂得团结合作、坚持不懈，学会倾听、与人沟通。我们的小干部培训项目也正是秉承这样的原则，以形式各异的活动为载体，将领导力概念完整地传递给年龄较小的学生。我们的项目策划构思得到了学校领导的高度赞许，学校党委书记周源寄语我们说要我们成为南菁高中和辖区内初中、小学衔接的使者。

指点江山：The team

"未来星"团队由我们领导力课程班的全体成员构成，先选出项目主席，又根据项目开展的需要，分为五组，选出各组负责人，从而组成我们团队的领导核心：

项目主席：谭添尹

项目副主席：张　瑜

项目秘书：陈晓杰

第一小组组长：强天虹

第二小组组长：吴　晨

第三小组组长：蒋夏逸

第四小组组长：蒋　童

第五小组组长：郭华胜

集思广益：The design

确立了领导核心之后，我们便开始做准备工作。在项目设计期间，恰逢哈佛学生访校，我们也有幸获得了与他们面对面沟通的机会，就小干部培训这一项目的开展进行了探讨和咨询。与此同时，我们也向校团委及学校心理老师咨询了不少问题。在项目设计的后期，我们还参观了江阴市高科技企业远景能源有限公司。在那里，我们接受了企业领导的培训，为我们培训小干部积累了经验。正如古人所说："博观而约取，厚积而薄发。"

We are ready!

[课程班日记]

2011 年 4 月 3 日，课程班邀请了来校进行亚洲实习的三位哈佛大学生 Kai、Mary 和 Julie 到班互动交流。三位大学生介绍了自己参加社区活动和志愿活动的体会，他们所总结的关于领导力自我培养方面的经验有：推销你自己（sell your ideas）；坚持自己认定要做的（stick to what you want to do）；小事情会成就大梦想（small things will make a difference）等，使我们深受启发，更加坚定了我们参加课程班学习的信心和决心。同时，我们也在倾听中了解到要与小朋友们进行多方位的交流，一些有趣的小互动可以活跃气氛，给交流加分。

项目成员　张　瑜

中外江湖切磋　　　　　　　　　　　　欢乐的户外活动

　　2011 年 6 月 10 日，课程班组织参观了江阴市高科技新兴企业——远景能源有限公司。零距离接触了它的掌门人，江阴市十佳青年创业先锋，南菁高中 96 届校友张雷，这让我们觉得既激动又自豪。

　　远景能源科技有限公司为国际著名新能源基金投资的高科技风电企业，是中国风电设备市场的技术领跑者。我们这次参观的就是远景位于江阴的产业基地。

　　在这里，我们接受了企业领导的培训。经过学习，我们不仅了解了他

外部大楼——远景眼　　　　　　　　在LED展示屏里看未来

我们在机组控制中心　　　　　　　让我们惊叹的机组生产线

们的管理制度，还明白了作为一个领导者应具备的品质——"三心二意"：要有自信心、责任心、恒心；要有团队意识和超前意识。这些都为我们实行"小干部培训"项目做出了指导，提供了宝贵的经验。

这次参观，无论是对我们的学习、项目的开展还是今后人生道路的规划，都起到了重要的推进作用。同时也让我明白，无论如何我们都将继续前行。总之，我感到受益匪浅。

项目成员　陈晓杰

融会贯通：The practice

终于到了要开始行动的时刻了！所谓："凡事预则立，不预则废。"我们在正式出手前经过一番讨论，先将项目认真地计划安排了一下。

在经过了项目组全体同学的仔细斟酌以及与指导老师的交流后，我们最终敲定了项目实施的人群、地点以及实施形式，并设计了以下流程图：

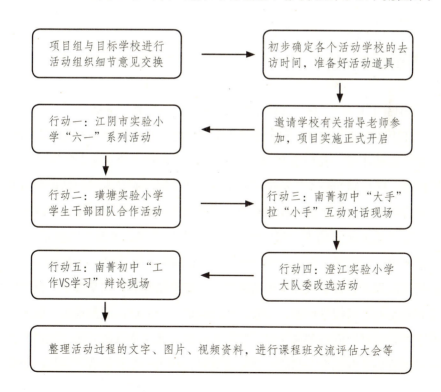

与大家分享了活动感受，最后大家一起留影纪念。

这次活动既丰富了我们"小干部培养"项目的内容，也让我们得到了锻炼。在与小干部们的互动学习中，我们把自己的想法、思考潜移默化中传递给他们，促使他们积极动脑，融入到我们的领导力氛围中。尤其是在学生干部领导工作与学习方面，同学们的热烈讨论，让作为组织人员的我们感到尤为开心，更让我们受益匪浅。

项目成员　强天虹

2011年6月16日　璜塘实验小学学生干部团队合作活动

江阴市璜塘中心小学是江阴市新市民子弟学校之一，我们选择此地的目的之一就是想用我们的手去牵动他们的手，让他们更好地融入江阴——他们的第二故乡，更好地同我们一起感受"幸福江阴"的"幸福教育"，使他们更快地成长。同时，也是想让他们中的学生小干部们多了解、体会一些作为学生领导者应该具备的特质和才能，带给他们一些鼓励和关心，让他们感受到，虽是第二故乡，但是我们有着相同的荣耀和责任——我们都是学生干部。因此，我们的活动方式是开展符合他们年龄特点的、有关团队合作的游戏。

首先，我们进行了"桃花朵朵开"的游戏。每一位同学需要在最短的时间内找到合作伙伴，刚开始同学们显得很拘谨，但是很快就融入了欢快的游戏氛围中，也学会了寻找一些本不愿合作或者根本不认识的同学，从而形成了一定的团队意识。接下来的游戏名为"拷贝不走样"。前一位同学需要将接收到的信息通过肢体语言传递给后一位同学。这个游戏首先需要接收信息，也就是要学会如何倾听、关注他人，同时也需要很强的表现能力，也就是日常生活中的沟通能力，尽量让别人来理解自己。同学们玩得不亦乐乎，团队内部的信任逐渐建立。失败的组不服气，更激起了他们的斗志。游戏后各组同学还进行了交流，总结了教训，积累了经验。最后一个游戏名为"无敌风火轮"。这个游戏需要很强的动手能力，即平时工作中的行动力。每组同学需要用胶带纸、浆糊、剪刀等工具将报纸粘贴起来，连成一个风火轮。在准备过程中，同学们相互探讨，团结协作，我们也对小同学进行了一些指导。最后各组进行比赛，比赛时，有的组步履艰难，有的组报纸出现了漏洞，有的组步伐不是很一致，导致落后，而有的组分工合作，领头的、压阵的、发口令的，有条不紊。

最后，我们邀请了一些同学发表个人感受，他们把活动的感受与平时的工作进行了联系，理解了团结合作、友善沟通的重要性，还有一位同学把活动感受迁移到了即将到来的期末考试中，表示要不气馁、坚定意志、互相帮助、共同进步。

桃花朵朵开

拷贝不走样

无敌风火轮

游戏背后更有深刻的内涵

千帆竞发，谁与争锋

此次活动是在学校操场上进行的，下午天很热，也不知流了多少汗，我们中的许多同学最后嗓子都哑了……但是我们依然尽力配合。我们也将领导力所包含的团队意识、沟通表达以及行动能力这些抽象的概念以最简单的游戏形式寓教于乐传递给了小干部们。

项目成员 吴 晨

2011 年 6 月 21 日　南菁初中"大手"拉"小手"互动对话现场

我们活动组以"培养学生干部领导力"为宗旨，深入本校的初中部，与初中部的各位学生干部进行了一次零距离对话，为培养未来星奠定了扎实的基础。我们主要采用互动式的问答，帮助初中部的学生干部们理解领导力的概念，解决工作中遇到的问题，改善为人处事的方式，回答他们有

对话现场，双方会谈

犀利提问，谁来应诏

会后总结，全方位交流

电视采访，扩大我们的影响

关升入高中后如何处理学习和工作关系的种种困惑等等。对于初中部同学们提出的问题，比如"如何得到同学们的信任""如何在别人面前转变个人形象""如何培养领导力，如何成功使用领导力"等问题，我们都做了详细回答。虽然临近考试，但初中部的同学们都表现出了极高的兴趣与热情，积极融入了这次难得的对话中。因为高中部即将举办师生同乐的艺术节，为了让初中部同学们在活动中通过实践的方式感受到领导力的价值与魅力，我们特地邀请了初中部的同学们来到高中部，参加艺术节活动。同学们观看了艺术节社会一条街、大合唱以及各类社团特色比赛，体验到了艺术节带来的难以名状的震撼与激情，激发了他们争做未来星的兴趣与斗

志。并且，此次活动也得到了江阴电视台"民生频道"的关注，他们还专门采访了我们，向更多江阴市民展现了南菁高中领导力课程班的风采。

项目成员　蒋夏逸

2011 年 11 月 3 日　澄江实验小学大队委改选活动

澄江实验小学是江阴市特色学校，学校开设了丰富多彩的课外活动课程，我们来到学校时恰逢学校一年一度的轮滑擂台赛，校园中随处可见小擂台手们穿着酷酷的轮滑装备的宣传照和比赛进程介绍，整个学校给我们活力四射的印象。

我们了解到，澄江实验小学即将召开大队委竞选，学校指导老师希望在正式大会前进行一次排演指导，于是本着培养未来出色领导力的宗旨，我们组织了这次竞选指导活动，希望通过我们的鼓励给予他们信心与力量。

来到学校报告厅后，我们首先在大队委指导老师的帮助下进行了会场布置，当同学们走进会场时，我们热忱地邀请他们就座。我们的主持人强天虹同学首先向小学生们介绍了我们南菁高中领导力课程班，并邀请了一些同学上台谈自己对于领导力的见解。刚开始同学们还有些拘谨，但是在主持人热场后，同学们都放开了，积极参与互动，并分享了自己在班级里的"为官之道"。紧接着，我们把话题转到大队委改选上，由我们小组组长蒋童同学上台给大家传授竞选演讲的要点，并就竞选所需要注意的仪态，竞选稿的组织，拉票的窍门等与台下的同学们交换了意见，并当场邀请了两位同学做了一个简短的自我推销，请台下的同学们做出评价。同学们在这个活动过程中渐渐领悟到了作为一个领导者所散发的感染力，都积极参与了互动，也增加了自己作为候选人的自信，有同学甚至大胆地要求我们项目组成员来一个现场竞选演说，活动在大家的欢声笑语中落下帷幕。

会后，我们还与大队委指导老师进行了全方位交流。老师告诉我们，他认为我们这次对小学生的竞选指导非常有感召力，与学校开放兼容的校园文化形成了良好的接洽，能够感受到，这些小干部在我们轻松愉快的交流中领悟到了很多，老师还邀请我们项目组在大队委正式竞选那天到学校一睹同学们的风采，这一消息让作为组织者的我们觉得非常有成就感。

项目成员　蒋　童

共同布置模拟现场

你来表现，我来指导

与指导老师的会后交谈

今天的笑脸，明天的"新星"

2011 年 12 月 9 日　南菁初中"工作 VS 学习"辩论现场

在我们课程班第三小组深入初中部，与初中部的小干部们进行座谈后，初中部的同学们反响非常好，初中部指导老师邀请我们项目组再一次以我们的方式挖掘同学们的领导潜能，为初中生进入高中后有更好的发展做铺垫。我们组考虑到以前所进行的活动都是以领导力开发为直接目的，围绕"领导力"这个主题展开的，于是我们组决定跳出领导力这个框子，另辟蹊径，与初中部的同学们展开一次辩论，在锻炼同学们思辨力与组织能力的辩论赛中，间接挖掘同学们的领导力。

我们所选定的辩题是"工作与学习，哪一个更重要？"这是同学们普遍关心并具有很大发挥空间的一个问题，对于从未参加过正规辩论赛的初中生来说，这是一个颇具挑战又有话可说的辩题。我们还要求初中生与高中生临场组队，没有任何提前准备进行现场辩论，这就更加考验同学们作

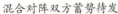
混合对阵双方蓄势待发

主持人先声夺人

观战阵队目不转睛

大块头也有大智慧

敌退我进，步步为营

为辩论参与者的现场应变能力，同时我们还要求场下观战的同学们在辩论结束后对辩手发问，提出自己在观看辩论赛过程中的一些疑问，并对该场辩论赛进行评价。进行了活动说明后，在同学们的推荐下我们选择了四位初中生与我们小组四位高中生组成混合对阵双方，在主持人的宣布下，辩论正式开始。由于初中同学经验不足，四位同学刚开始发言并不多，显得有些紧张，但在我们四位久经辩论赛场的老将的带动下，辩论赛渐渐变得张弛有度，精彩纷呈，不仅是高中生能用哲学观点进行佐证，初中生也能够联系实际抛出犀利的质问，台下的同学也对这剑拔弩张的辩论频频称赞。在辩论结束后的发问环节，有多位小干部发表了自己独特的见解，甚至有

同学大胆地说出了自己对于我们高中生辩手某些观点的不认同。最后，在主持人的组织下，由台下所有观战的同学们举手表决胜负双方，最终由赞成学习更重要的反方胜出。

在这次辩论赛中，我们能够明显地感受到初中生的思辨风采以及敢于表达自己意见的勇气，也使我们更加坚信，每一个小干部在经过一定的潜能挖掘后定能成长成才，将领导力这个概念充分运用到实际生活学习中。我们小组很欣慰地看到，我们以高中生的身份来架起与初中生沟通的桥梁。以往一直是老师作为教育工作者来担负培养小干部的责任，而作为学生的我们也能做到。在这次活动中，我们与初中生一起感受到了"中学生领导力开发"的无限魅力。

项目成员　张　瑜

七嘴八舌：The evaluation

[What do they think?]

通过今天与高中部的学长学姐的对话，我更加坚定了考取南菁高中的决心，我相信，未来的我也一定会努力加入领导力课程班！

通过今天与南菁高中大同学们的游戏活动，我理解了团结合作、友善沟通的重要性。期末考试马上到来，我们要不气馁、坚定意志、互相帮助、共同进步。

这节课很好地教育我们如何正确地利用自己的领导才能为别人服务，也为自己的学习成绩服务，而且形式新颖，让我很受启发。

[What's our harvest?]

无论天气是寒冷还是炎热，无论是怎样的活动形式，或许有的人累得快倒下了，或许有的人已经被小学生吵得不耐烦了，但我们都将项目进行到最后，我想这本身就是领导力的最大魅力。其次，无论是在小学还是初中，我们都收获了很大的成功，小干部培训有了可喜的成绩。我们有了一种类似园丁般收获的欣慰，我们真切体验到了传播智慧、培养能力的成就，我们在用行动履行着我们神圣的诺言。我们以一种朋友般的视角，发现了未来星的力量；我们以一种朋友般的口吻，进行了畅想未来的对话；我们更是以一种朋友般的心态，见证着后起之秀的潜力与风采。

From 谭添尹：以前我们的团队太急于求成，常常是只想到自己走在前面，没有很好地考虑或许我们团队的其他队员有更好的办法。而现在，我能想到其他队员们，想到他们的存在和表现，想到自己的不足，想到有他们在共同努力着。经历了小干部项目的磨砺，不仅把我们的项目推出去了，也使我们获得了更多自我领导、自我管理的经验，这是可喜的进步。

From 蒋夏逸：江苏省南菁高级中学有这样一条校规，在高中三年让每个学生都有一次当班干部的机会，学校这样做

的目的就是让学生学会办事，培养学生融入社会的能力。我觉得"未来星"项目正是南菁育人理念的最好诠释。作为项目的先驱者之一，我见证了我的学弟学妹、我的队友，同时也是我的朋友在传递接力棒、帮助小同学迈向未来之星道路中所付出的不懈努力，我也见证了他们作为普通但却不平凡的市民为"幸福江阴"所做出的无私奉献。我感动于他们的担当，感动于他们的坚持，感动于他们那信仰的力量。任何时代都需要信仰，任何国家都需要信仰，任何民族都需要信仰。虽然他们对信仰

的执着在常人眼里或许显得不那么起眼，但正是这些无数微小的力量撑起了南菁未来的一片蓝天。看着无数张活动相片上的笑脸，我感觉到了前所未有的激动与欣喜。高考的重担已使我身心俱疲，但大家的斗志着实击碎了我病态的淡泊，重新燃起了我继续拼搏的意志。

[What our teachers' views]

From 班主任老师 程敏亚：在班集体的建设中，班主任不可能时刻在班中，同时，若事事都让班主任亲自来管，学生的能力不会得到发展，因此小干部的培养无疑是一件很重要的事情。班干部时常和同学们在一起，可以知道班级中发生的很多事情，如果有一些不可取的事，小干部可以及

时阻止，防止一些不必要的事情发生，这是班主任无法及时做到的。因此，依靠班干部管理班级，发挥班干部的作用，可以让班级管理井井有条，让班主任每天都能微笑。

From 心理指导老师 吴琼霞：在"小干部培养"这一项目中，我作为心理指导老师，全程参与了璜塘实验小学学生干部的团队合作活动以及南菁

高中、初中部"大手"拉"小手"互动对话现场，见证了这个团队的成长与成熟。在每一次项目的具体活动完成之后，全体成员对活动进行总结评价，分析结果与预期结果的差距，总结经验。是否太过于张扬，是否太急于求成，是否忽视了

别人的看法……培养别人的同时，也使他们自身能力得到提高。这次项目，让整个团队对领导力有了更深的认识：把自己放在一个平等的位置上，自己不是命令者，而是激励者、协调人或者沟通的桥梁。

期冀未来：The last

"未来星"在行动，它在成就别人的同时，也在成就着我们自己。我们不敢说自己的能量具体有多大，但我们相信"星星之火，可以燎原"。接下来的每一步我们会走得更坚实，走得更开阔。因为我们会以此为支点，去撬动我们生命中的整个地球。

项目组成员：谭添尹　强天虹　张　瑜　吴　晨　陈晓杰　蒋夏逸
　　　　　　蒋　童　郭华胜
指 导 教 师：张敏军
采 访 人：吴　晨
撰 稿 人：张　瑜

保护吴侬软语，我们在行动

——苏州市第一中学领导力开发项目

苏州市第一中学在办学过程中始终坚持"学生第一"的理念，重视学生素质的全面发展。学校高度重视提升中学生领导力，注重中学生领导力培养项目的研究和实践。我校是《中学生领导力培养》国家级课题的首批实验学校，并抓住机遇开发校本课程。我们在机制上、课程上、资金上都大力支持学生进行项目研究。由我校学生开发的项目《保护苏州话，传承吴文化》在第二届全国中学生领导力大赛上获得全国项目第七名，引起相关领导和苏州媒体对保护吴地方言的重视。我们将更加坚定信念，进一步推进开发和研究中学生领导力培养项目，真正实现学生素质的全面发展，为学生的人生奠基。

——苏州市第一中学校长　周祖华

苏州市第一中学的几名高二学生为了使苏州话得到保护和传承，通过调查问卷和访谈的形式了解了苏州话的现状，并且提出了保护苏州话的具体建议。

这些行动充分体现了他们的担当，他们担当的，是认真对待工作的态度；是坦言自身局限的勇气；是对自己方言的热爱；是保护传统文化的社会使命感。

我爱吴文化，不解释

在这个充耳粤语、韩语、日语、英语歌曲，满眼喜洋洋与灰太狼、非主流的速食主义社会中，那本是世代相传的吴侬软语是否已被关了无人问津的幽长小巷，如同墙上的白粉，随着岁月一起斑驳。当记忆变成沙滩上的名画，被一波波的海浪侵蚀，又被渐渐抚平，会不会有一种丢失了宝藏的后悔与痛心？

也许外语更适应现代社会的发展，激昂却杂乱的电子乐更受世人追捧，可是你们让已回荡在吴地两千多年的吴语情何以堪啊！从古至今，多少文人墨客流连于这座城市充满魅力的文化与风土人情。人人都夸吴语柔美，内涵丰富，一如江南女子，清雅秀丽。有人戏称，"人家苏州人用苏州话吵架都跟唱歌似的，可好听了！"

上次在回家的路上，听到一个小学模样的孩子，对接送他的爷爷说："和我说普通话，别说苏州话，我听不懂！"这是何等的悲凉！

回来吃晚饭！　　　　　　　　　　　和你说过多少遍了！多说苏州话！

传说中的风水宝地——最最可爱的一中

如果有个学校可以让你5分钟到达苏州最热闹的街区，那便是苏州一中。

如果有个学校可以让你20分钟内游荡在苏州各个园林中，那也是苏州一中。

如果有个学校可以让你有身处仙境的感觉，那还是苏州一中。

如果有个学校可以让你在千年紫藤下尽情歌唱，那更是苏州一中。

如果一中里有位可爱和蔼喜欢用巧克力奖励学生的校长，那一定是周祖华校长！正是在他和马以瑾、张明、徐瑾三位老师的带领下，我们学着培养除了学习以外的能力——领导力。

在古韵吴风的浓郁校园环境熏陶下，我们选择了领导力课程，也不知不觉选择了吴文化，在领导力课程的引导下，我们学会了从中学生的角度去思考、去行动、去影响……

张　宁：学长好！今年暑假你们参加"第二届全国中学生领导力大赛"载誉而归，听说"苏州话的保护和传承"这个项目获得专家评委的一致好评。你们是怎么想到这个选题的？

孟　宽：初看或许会觉得选题很简单，其实不然。我们基于以下几方面考虑：一是因为我校是苏州市吴文化基地，所以经过论证、协商，最终将项目选题限定在苏州市吴文化范围之内；二是因为我校的吴文化特色之一就是"百年昆曲走进百年一中"，而在欣赏昆曲、评弹等地方文化时，我们深切感受到，作为地方文化载体的苏州话的重要性。加之近年来苏州人对苏州话的热议，尤其是2012年开通的轻轨是否采用苏州话播放站点的争议，让我们认识到"苏州话的保护和传承"不仅是一个项目，更是一个课题、一个公共政策的问题；三是因为关于"苏州话"的研究和调查虽然已经开展过多次，但是青少年自己去研究、调查苏州话的使用情况，思考苏州话与地方文化的关系，苏州话与普通话的关系等，几乎还是空白，为此我们初步确定了这一项目及其选题。

对调查问卷和采访到的数据进行统计分析后，我们决定对苏州话的相关工作者进行采访，从而收集有用的信息。

是苏州人的支持哦：大家觉得苏州话实用吗？

实用	9(53%)
还好	2(12%)
不实用	5(29%)
说不清	1(6%)

张晓羿：作为 90 后，我们也理所当然地想到了网络。项目组成员发动网络力量，在 QQ、人人网、姑苏论坛等发起网络投票与知识问答，虽然参与的人数不多，但仍不失为一次宝贵的尝试。

孟　宽：在此基础上，我们形成了初步的认识，经过分析研究得出了相关结果并提出了相关建议。最终我们决定向苏州电视台和苏州市教育局提交我们中学生关于苏州方言保护与传承的"建议书"。

张　宁：对回收的问卷你们如何处理呢？

孟　宽：首次调查问卷我们派发了 500 多份，回收并统计了 492 份有效问卷。我们召集项目组全体成员对这些问卷进行统计和分析。首先对这些问卷进行新苏州人和老苏州人的分类，在这两大类中各分出年龄为 0—20岁、21—40岁、41—60岁以及60岁以上四组不同年龄层次的人群，然后分析各个年龄层人群苏州话使用的特点及其暴露出的问题。

困难再大，我们一起加油

沈梦洁：你们调查采访的过程顺利吗，遇到过什么困难吗？

孟　宽：调查的过程充满了趣味性。我们先是兴高采烈地来到了苏州市大公园，很快就发现公园里的老年人大多比较爱闲聊，但是不怎么喜欢也不配合我们做调查。项目组的同学就想了一个好办法：他们将调查问卷藏起来，先跟他们用苏州话侃大山，侃着侃着就侃到我们想问的问题上了，谈话结束后，再偷偷地把信息反馈到调查问卷上，当时很多人说着说着就跟老人"洋泾浜"了。尤其是去新华书店的时候，调查现场过于"热闹"，结果被书店管理员赶了出来。随后我们又在观前街找外国人采访他们对吴语的一些看法。为了了解小学生的想法，我们还特意联系了苏州新东方的校长，他们非常热情地接待了我们一中项目组的学生。由此可见，即使是问卷调查，也倾注着项目组成员的诸多艰辛。但正是因为他们的执着、热情和坚持，才有如此多的收获和体会。

高一2班　王澜

高一9班　方超

[Part 2　吴侬软语问题多]

沈梦洁：得到了调查数据，然后该干嘛呢？

程　航：经过对调查问卷的分析及相关理论学习，我们得出以下结论：

1. 苏州人使用方言的能力有限。我们欣慰地发现自国家推广使用普通话以来，成果已十分明显。大家看过表格就可以发现，年轻人几乎都能够使用普通话。但与此同时，受访者使用方言的能力，尤其是年轻人非常有限。的确，采访时有不少老人感叹自己跟孙子讲苏州话时，孩子却说："不要跟我讲苏州话，

我听不懂。我们老师都是讲普通话的，不讲苏州话。"很多孩子因此错过了学习方言的最好时期。同时由于子女不愿意使用苏州话，许多老人为了

便于与子女沟通，创造了一种类似"苏普"的语言，这使得长辈对子女传授的苏州话不够标准。

2. 苏州方言的使用范围很有限，基本只在家庭内，这样很难创造一个良好的语言交流环境。苏州台电视主持人朝晖老师就对我们说："关于苏州话很想学但学不像，很遗憾。"工作、采访都被普通话占据，他表示很少有机会能听苏州人讲苏州话，更不用说自己使用苏州话，有时想找关于苏州话的培训机构学习，可很难找到。

3. 人们几乎不了解吴文化，有必要加强吴文化历史教育。苏州是一座历史名城，拥有 2500 年的历史，早在美国等发达国家建立前便有了相当程度的发展。苏州古城区，一砖一瓦都蕴含着丰厚的记忆，一街一巷都有各自的由来。可大多数受访者对于苏州方言的相关历史都知之甚少，更不用说对苏州吴文化的了解了。而苏州市精神"崇文 融合 创新 致远"中，"崇文"告诫苏州人要崇尚文化，要崇尚苏州本地文化吴文化。唯有我们了解了苏州方言的相关知识，苏州城市的发展变迁，苏州涌现出来的那些文化名人，才能真正为自己作为苏州人而自豪，才能行走在异国他乡时时刻不忘苏州这一片故土。

4. 年轻人群普遍对苏州古典艺术文化不感兴趣。对于苏州评弹、昆曲这些经典的苏州艺术文化形式，年轻人听过、看过的所占比例很小，本土苏州人 0—20 岁受访者中听过评弹的仅占 25%，而 21—40 岁受访者听过评弹的仅占 22.73%，看过昆曲的仅占 27.27%，这与中老年人所占的比例形成强烈的反差。我们认为学校在开展社会实践活动、举办文化节或者上艺术课时应该增加一些像苏州评弹、昆曲这类苏州古典艺术文化，让学生多了解苏州本土的艺术文化，并在欣赏的过程中，更多地了解苏州话。苏州艺术文化中蕴含着吴侬软语的优美，也是吴侬软语诞生的摇篮。通过加强对苏州艺术文化兴趣的培养，有利于提高年轻人对苏州话的使用率，从而更好地保护苏州方言。而在苏州现代艺术文化方面，我们已向电视台提交倡议书，希望电视台能增添方言类节目，发挥媒体力量宣传苏州方言。

5. 方言类的节目对人们普遍有一定的吸引力和影响。

6. 在受访者中，几乎所有人都希望苏州方言能得到保护。

7. 人们普遍希望学校加强苏州话的教育。很多老年人认为学习方言应从小抓起。

8. 新苏州人对苏州话的重视程度与老苏州人相比相差甚远。随着外来人口的不断融合，对本地方言的传承造成了不小的阻力。例如网友"圆子泡面"说道："我就有一个好朋友，他是盐城人，但是很小的时候就来到苏州。由于当时大家都说苏州话，他自然学了一口流利的苏州话。现在他老婆是四川人，说四川话，而家里的老人呢，说的是苏北话。结果，在家里交流用的是'苏北话＋普通话'。有一次，我打趣地问，你孩子将来学什么话呀？他很纠结地说，基本上是普通话吧！"由此可见，外来人口的增加对苏州方言具有相当大的冲击力。与此同时，新苏州人也不十分重视苏州方言的保护与传承，在问卷"觉得有必要学好苏州话"和"觉得苏州话是否适用"这两个问题中，持有肯定态度的人所占比例与老苏州人相差悬殊。究其原因，一方面是由于工作环境需要讲普通话；另一方面是方言相关培训教育体制不健全。我们曾采访了一名安徽的外来务工人员，他说："自己学习苏州话近两年，但是没找到什么好的苏州方言培训机构，致使现在说的苏州话也不太标准。"而对于老苏州人而言，对于苏州方言的自豪感也不强，有人这样讲道："全国很多地区都在坚持讲家乡话。四川人是坚决不讲普通话的，他们认为四川话比普通话好听。湖南、湖北、贵州等省也很少讲普通话。南京人以讲南京话为荣。扬州人认为扬州话最为字正腔圆。至于北方，唐山话、东北话正吃香着呢。演员'小沈阳'刚出了点儿名，马上就做广告，广告语用的是地道的东北话。吴方言、闽方言、粤方言是我国主要的三种方言。广东、香港的粤方言环境很好，福建、台湾的闽方言环境也很好，唯独吴方言，环境最差。而在吴方言地区，上海人讲上海话的热情，杭州人讲杭州话的热情，无锡人讲无锡话的热情，要远远胜过苏州人讲苏州话的热情。苏州人——我的同乡，这是你的优点吗？需要传承的

不仅是苏州话，更是对苏州方言的一种高度认同感和自豪感。拥有这种认同感与自豪感，苏州话的保护与传承将不再困难重重，苏州方言的保护与传承才能世世代代顺利地进行下去。"

通过这次问卷调查，我们了解了不同年龄段的人对苏州话的认知程度和所持态度。新老苏州人的对比也让我们对苏州话的现状有了更深的了解。总而言之，我们更为直观地看到了保护苏州话的重要性和迫切性。

由于政策的推广，普通话得到普及，而苏州话却在日渐式微。我们能做的就是从今天开始，发挥我们每个人微小的力量，保护和传承苏州话。我们希望多年后，吴侬软语还是外人津津乐道，争相学习的语言。毕竟苏州话这种像苏州女子一般软糯的方言，应该成为苏州的象征，成为民族的符号。

[Part 3　拯救苏州话　我们在行动]

沈梦洁：为拯救苏州话，你们有什么对策吗？

接雨哲：为拯救苏州话，项目组全体成员提出以下倡议：

1.在使用普通话和苏州话之间寻找一个最佳平衡点。不妨让普通话和苏州话在交际场合及交际对象上有所"分工"，普通话可作为工作语言、正式语言,苏州话作为生活语言。在幼儿园、小学等低龄孩子集中的学龄段，除按照法律规定在课堂上要求讲普通话外，学校可倡导教师、家长在课外、私人场合有意识地讲苏州话，学校还可适当开展与苏州话有关的童谣、歌曲等比赛活动。

2.保护方言,还存在一个"度"的问题。张先亮教授认为，语言运用是功利性的，如果一种语言适应时代的发展，它就能得到蓬勃发展，否则就会消亡。对于一些使用范围很小、正在自行消亡的方言，可采取研究性保护的方法，以歌谣、文字等形式，用光盘刻录下来保存在博物馆里。苏州话也正面临着由于使用范围小，正在自行消亡的危机。因此，张先亮教授提出的方言博物馆的方式，也是保护苏州话的一种方法。

3. 保护方言还应当通过一定的载体来进行。苏州话一直在变化中，在我们看来，有关部门要尽快开展语言普查工作。通过普查，建立可以永久保存的苏州话多媒体语料库及相关数据库，绘制详细、精确、可传至后代的苏州语言"地图"。

考虑到大部分民众对苏州现代文化艺术形式喜爱有加，苏州电视台相关方言类节目便成为我们走访的主要目标。我们课程组与电视台取得了联系，走访了苏州市电视台，与施斌、伟捷等方言节目的主持人进行了面对面的采访交流，同时也向他们递交了我们的建议书。

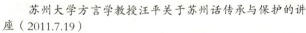

苏州大学方言学教授汪平关于苏州话传承与保护的讲座（2011.7.19）

给市教育局的提案报告（2011.7）

张　宁：除了借助媒体的传播力量保护发扬苏州话之外，你们还采取了哪些措施呢？

八

　　回到本文开头的问题，中学生能做成什么？这个答案，相信您阅读本书后能够找到。

　　最后，套用薛先生的一句话作为本文的结束语：我们期待透过这些故事，与大家分享中学生是多么值得敬佩；透过这些真诚真心的美和善，鼓励每一个人，即使只是来自微小你我的一点点力量，都足以改变中国。

中学生领导力培养课题组　常学勤
2013 年 10 月 8 日